# 14 LECCIONES
## DE FILOSOFÍA YOGUI Y OCULTISMO ORIENTAL

YOGI RAMACHARAKA

Traducción de

Marcela Allen Herrera

WISDOM COLLECTION

PUBLISHING HOUSE

**Publishing Company**
**Wisdom Collection LLC.**
**McKinney. Texas 75070**

**www.wisdomcollection.com**

**14 Lecciones de Filosofía Yogui y Ocultismo Oriental / 1.ª ed.**

ISBN: 978-1-63934-069-9

WISDOM
COLLECTION

La versión original de este libro fue publicada
en el año 1904 por William Atkinson, bajo el seudónimo
de Yogui Ramacharaka.

Para otros títulos y obras del Nuevo Pensamiento,
visita nuestro sitio web:

www.**wisdom**collection.com

# PRESENTACIÓN

Estas lecciones fueron publicadas originalmente en forma de folletos mensuales, formando lo que se conoció como "Curso por Correspondencia de 1904". Recibieron un apoyo tan entusiasta del público, y parecieron llenar tan bien una necesidad de los estudiantes de Ocultismo y Filosofía Yogui, que se consideró conveniente publicarlas en la forma presente. Consideramos que estas lecciones son la presentación más simple, práctica y clara de los principios elementales de la Filosofía Yogui y del Ocultismo Oriental que jamás se haya publicado. Por supuesto, son elementales, pero parecen ser justo lo que el estudiante promedio requiere. No solo se adaptan a los requisitos del principiante, sino que muchos estudiantes más antiguos y avanzados nos han expresado que han encontrado gran placer y mucho beneficio en volver a repasar sus lecciones de infancia en una forma tan clara. El autor, siguiendo su costumbre habitual, declinó escribir un prefacio para este libro, sosteniendo su idea expresada en muchas ocasiones de que "la verdad debe ser evidente por sí misma y en ninguna manera depender de la personalidad de sus maestros". Sintió que había dicho todo lo que tenía que decir en las lecciones mismas y no deseaba "interferir con su personalidad" en sus lectores.

Sociedad de Publicaciones Yogui.

# CONTENIDOS

# LOS TRES PRIMEROS PRINCIPIOS

Nos dirigimos a nuestros estudiantes con sentimientos que trascienden lo común. Es cierto que algunos de ustedes aún no son conscientes de ello, pero tenemos la convicción de que estas lecciones serán como semillas sembradas en un terreno fértil. Con el tiempo, estos brotes se abrirán camino gradualmente hacia la luz de la conciencia, producirán hojas, flores y frutos. Es posible que en este momento no puedas reconocer plenamente los fragmentos de verdad que se te presentan. Sin embargo, en los años venideros, llegarás a comprender la verdad que se encuentra detrás de las impresiones transmitidas en estas lecciones, y solo entonces adoptarás esa verdad como propia.

Nuestra intención es hablarte como si estuviéramos reunidos en persona, como si estuviéramos presentes en carne y hueso. Estamos seguros de que el vínculo de sintonía entre nosotros pronto se fortalecerá y se volverá tan real que, al leer nuestras palabras, sentirás nuestra presencia casi tan fuertemente como si estuviéramos contigo en persona. Estaremos contigo en espíritu y, según nuestra filosofía, el estudiante que está en armoniosa sintonía con sus maestros establece una conexión psíquica real con ellos, lo que le permite comprender el "espíritu" de la enseñanza y recibir el beneficio del pensamiento de los maestros en un grado imposible para aquellos que simplemente leen las palabras en letra fría.

Estamos convencidos de que los miembros de esta clase establecerán una conexión entre sí y con nosotros desde el principio, y que obtendremos resultados que incluso nos sorprenderán. Al término de la clase, muchos de los estudiantes experimentarán un maravilloso crecimiento y desarrollo espiritual. Este resultado sería imposible si la clase estuviera compuesta por el público general, ya que las vibraciones de pensamiento adversas de muchos contrarrestarían, o al menos retardarían, la fuerza impulsora generada en las mentes de aquellos que armonizan con el trabajo.

Sin embargo, no tendremos que superar este obstáculo, puesto que la clase ha sido reclutada únicamente entre aquellos estudiantes que se interesan por lo oculto. Los anuncios que hemos enviado han sido redactados de tal manera que solo atraen la atención de aquellos a quienes van dirigidos. Los cazadores de sensaciones y los seguidores de las modas, no han sido atraídos por nuestro llamado, mientras que aquellos a quienes iba dirigido el mensaje han respondido de manera entusiasta. Como dijo el poeta: "Por donde paso, todos mis hijos me conocen".

Los miembros de la clase, atraídos hacia nosotros, y nosotros hacia ellos, formarán un cuerpo armonioso que trabajará conjuntamente hacia el fin común de superación, crecimiento, desarrollo y despliegue. El espíritu de armonía y la unidad de propósito harán mucho por nosotros, y el pensamiento unido de la clase, sumado al nuestro, será una torre de fuerza. Cada estudiante recibirá el beneficio de ello, será fortalecido y sostenido por ello.

Seguiremos el sistema de instrucción oriental en lugar del sistema occidental. En Oriente, cuando el maestro hace o promueve una afirmación o teoría, no se detiene a "probarla", ni hace una demostración en la pizarra de las verdades espirituales, ni discute con su clase, ni invita a la discusión. Por el contrario, su enseñanza es autoritaria, y procede a entregar su mensaje a sus alumnos tal como le fue entregado a él, sin detenerse a ver si todos están de acuerdo con él.

El maestro oriental no se preocupa por saber si sus afirmaciones son aceptadas por todos como verdaderas, ya que está seguro de que los estudiantes que están preparados para la verdad que enseña la reconocerán intuitivamente. En cuanto a los demás, si no están preparados para recibir la verdad, ningún argumento les ayudará. El maestro sabe que gran parte de su enseñanza es solo el cultivo de la semilla, y que por cada idea que el estudiante comprenda al principio, habrá muchas otras que solo entrarán en el campo del reconocimiento consciente después de un tiempo.

Cuando un alma está preparada para una verdad espiritual, y esa verdad, o una parte de ella, se pronuncia en su presencia o se presenta a su atención por medio de escritos, la reconoce intuitivamente y se apropia de ella. El maestro oriental comprende que gran parte de su enseñanza es simplemente el cultivo de una semilla. Por cada idea que el estudiante capta al principio, habrá cien que solo entrarán en el campo del reconocimiento consciente después de un tiempo.

No queremos decir que los maestros orientales insisten en que el estudiante acepte ciegamente cada verdad que se le presenta. Por el contrario, instruyen al alumno para que acepte como verdad únicamente aquello que pueda probar por sí mismo, ya que no será verdad para él hasta que pueda demostrarla mediante sus propios experimentos. Sin embargo, se le enseña al alumno que, antes de que muchas verdades puedan ser probadas, él debe desarrollarse y desplegarse.

El maestro solo pide que el estudiante tenga confianza en él como guía, de hecho, le dice al estudiante: "Este es el camino, entra en él y en el camino encontrarás las cosas que te he enseñado. Examínalas, pésalas, mídelas, pruébalas y comprueba por ti mismo. Cuando llegues a cualquier punto del camino, sabrás tanto de él como yo o cualquier otra alma en esa etapa particular del viaje. Pero mientras no llegues a un punto en particular, debes aceptar las declaraciones de aquellos que han ido antes o rechazar todo el tema de ese punto en particular. No aceptes nada como definitivo hasta que lo hayas probado, pero si eres sabio, sacarás provecho del consejo y la experiencia de aquellos que te han precedido. Cada persona debe aprender por experiencia, pero los demás pueden servir como indicadores del camino. En cada etapa del viaje, se encontrará que aquellos que han avanzado un poco más en el camino han dejado señales, marcas y postes guía para aquellos que los siguen. El sabio aprovechará estas señales. No te pido fe ciega, sino solo confianza hasta que seas capaz de demostrar por ti mismo las verdades que te transmito, como me las transmitieron a mí, los que me precedieron".

Pedimos al estudiante que tenga paciencia. Muchas cosas que al principio te parecerán confusas, se irán aclarando a medida que avancemos.

## La Constitución Humana

El ser humano es mucho más complejo de lo que generalmente imaginamos. No solo tiene un cuerpo y un alma, sino que es un espíritu que posee un alma, la cual tiene varios vehículos para expresarse. Estos diferentes vehículos se manifiestan en diferentes "planos", como el plano físico, el plano astral, etc., los cuales se explicarán a medida que avancemos.

El Ser real es espíritu puro, una chispa del fuego divino. Este espíritu está envuelto en numerosas envolturas que impiden su plena expresión. A medida que la persona avanza en su desarrollo, su conciencia pasa de los planos inferiores a los superiores y se hace cada vez más consciente de su naturaleza superior. El espíritu contiene en sí mismo todas las potencialidades, y a medida que la persona progresa, despliega nuevos poderes, nuevas cualidades.

La Filosofía Yogui enseña que el ser humano está compuesto de siete principios —es una criatura séptuple. La mejor manera de pensar en el ser humano es reconocer que el espíritu es el verdadero ser y que los principios inferiores son solo envolturas restrictivas. Las personas pueden manifestarse en siete planos, es decir, aquellas altamente desarrolladas, porque las personas comunes de esta época solo pueden manifestarse en los planos inferiores, ya que aún no han alcanzado los planos superiores. No obstante, todas las personas, independientemente de su género o nivel de desarrollo, poseen los siete principios de forma potencial. Muchas personas han logrado alcanzar los primeros cinco planos, algunas pocas han llegado al sexto, mientras que actualmente casi nadie de esta raza ha alcanzado el séptimo plano.

## Los Siete Principios del Ser Humano

A continuación se exponen los siete principios, tal como los conoce la Filosofía Yogui, sustituyendo las palabras sánscritas por términos en español, en la medida de lo posible:

7. Espíritu.
6. Mente Espiritual.
5. Intelecto.
4. Mente Instintiva.
3. Prana, o Fuerza Vital.

2. Cuerpo Astral.

1. Cuerpo Físico.

Revisaremos brevemente la naturaleza general de cada uno de estos siete principios para que el estudiante pueda comprender las futuras referencias a ellos; pero el examen detallado del tema será abordado más adelante en las lecciones.

## 1. El Cuerpo Físico

Por supuesto, de los siete principios del ser humano, el cuerpo físico es el más evidente. Es el más bajo en la escala y la manifestación más cruda de la persona. Pero esto no significa que el cuerpo físico deba ser despreciado o descuidado. Al contrario, es un principio muy necesario para el crecimiento de la persona en su etapa actual de desarrollo —el templo del Espíritu vivo— y debe ser cuidadosamente atendido y cuidado para convertirlo en un instrumento más perfecto. Solo tenemos que mirar a nuestro alrededor y ver cómo los cuerpos físicos de diferentes personas muestran los diferentes grados de desarrollo bajo el control mental. Es un deber de cada persona desarrollada entrenar su cuerpo hasta el más alto grado de perfección para que pueda ser utilizado de manera provechosa.

El cuerpo debe mantenerse en buena salud y condición, y entrenado para obedecer las órdenes de la mente, en lugar de gobernarla, como suele suceder. El cuidado del cuerpo, bajo el control inteligente de la mente, es una rama importante de la filosofía del Yogui, y se conoce como "Hatha Yoga". Estamos preparando un pequeño libro de texto sobre "Hatha Yoga", que pronto estará listo para la impresión y que ofrecerá las Enseñanzas Yogui sobre esta importante rama del autodesarrollo. La Filosofía Yogui enseña que el cuerpo físico está compuesto de células, cada una de las cuales contiene dentro de sí misma una "vida" en miniatura que controla su acción. Estas "vidas" son realmente fragmentos de mente inteligente de un cierto grado de crecimiento, que permiten a las células realizar adecuadamente su trabajo. Estos fragmentos de inteligencia están subordinados al control de la mente central de la persona y obedecerán fácilmente las órdenes de la sede central, dadas subconsciente o conscientemente. Estas inteligencias celulares manifiestan una perfecta adaptación para su trabajo particular. La acción selectiva de las células, extrayendo del torrente sanguíneo el alimento necesario y rechazando lo que no se requiere, es un ejemplo de esta inteligencia. El proceso de digestión, asimilación, etc., demuestra la inteligencia de las células, ya sea por separado o colectivamente, en grupos. La curación de heridas, la prisa de las células hacia los puntos donde son más necesarias, y cientos de otros ejemplos conocidos por el estudiante de la fisiología, todos significan para el estudiante Yogui ejemplos de la "vida" dentro de cada átomo. Cada átomo es para el Yogui un ser vivo, que lleva su propia vida independiente. Estos átomos se combinan en grupos para algún fin, y el grupo manifiesta una inteligencia grupal, mientras permanezca como grupo; estos grupos, a su vez, vuelven a combinarse y forman cuerpos de naturaleza más compleja, que sirven de vehículos para formas superiores de conciencia.

Cuando el cuerpo físico muere, las células se separan y se dispersan, y comienza lo que llamamos descomposición. La fuerza que ha mantenido unidas las células se retira, y estas quedan libres para seguir su propio camino y formar nuevas combinaciones. Algunas pasan al cuerpo de las plantas cercanas y eventualmente se encuentran de nuevo en el cuerpo de un animal; otras permanecen en el organismo de la planta; otras permanecen en el suelo por un tiempo, pero la vida del átomo significa cambio constante e incesante. Como ha dicho un destacado escritor: "La muerte no es más que un aspecto de la vida, y la destrucción de una forma material es solo un preludio para construir otra".

No dedicaremos más espacio a la consideración de lo físico, ya que es un tema en sí mismo. Además, nuestros estudiantes sin duda estarán ansiosos por adentrarse en temas con los que no están tan familiarizados. Por lo tanto, dejaremos este primer principio y pasaremos al segundo. No obstante, es importante recordar al estudiante que el primer paso en el desarrollo yogui consiste en dominar el cuerpo físico, cuidarlo y prestarle atención. Tendremos más que decir sobre este tema antes de terminar este curso.

## 2. El Cuerpo Astral

Este segundo principio no es tan conocido como su hermano físico, aunque está estrechamente relacionado con este, y es su contraparte exacta en apariencia. El cuerpo astral ha sido conocido por las personas de todas las edades y ha dado lugar a muchas supersticiones y misterios, debido a la falta de conocimiento sobre su naturaleza. Se le ha llamado "cuerpo etéreo"; "cuerpo fluido"; "doble"; "espectro"; "Doppelganger", entre otros nombres. Está compuesto de una materia más fina que la que compone nuestros cuerpos físicos, pero de todas formas es materia. Para darte una idea más clara de lo que queremos decir, llamamos tu atención al agua, que se manifiesta en varias formas bien conocidas. A cierta temperatura, el agua se conoce como hielo, una sustancia dura y sólida; a una temperatura un poco más elevada, adopta su forma más conocida, que llamamos "agua"; a una temperatura aún más elevada, se escapa en una forma gaseosa que llamamos "vapor", aunque el verdadero vapor es invisible para el ojo humano, y solo se hace evidente cuando se mezcla con el aire y baja un poco su temperatura, momento en que se convierte en una sustancia gaseosa que es visible para el ojo humano y a la que solemos llamar "vapor".

El cuerpo astral es la contraparte exacta del cuerpo físico y puede separarse de él en ciertas circunstancias. Por lo general, la separación consciente es un asunto de considerable dificultad, pero en personas con cierto grado de desarrollo psíquico, el cuerpo astral puede separarse y a menudo realiza largos viajes. Para la visión clarividente, el cuerpo astral se ve exactamente como su contraparte, el cuerpo físico, y está unido a él por un delgado cordón sedoso.

El cuerpo astral existe por algún tiempo después de la muerte de la persona a quien pertenece, y bajo ciertas circunstancias puede ser visible para las personas vivas, y se le llama "fantasma". Existen otros medios por los cuales pueden manifestarse los espíritus de los que han fallecido, en ocasiones, se observa la cáscara astral después de que el alma que ha fallecido se ha desprendido de ella. En tales casos, la cáscara astral no es más que un cadáver de materia más fina que su contraparte física, no tiene vida ni inteligencia, y no es más que una nube que se ve en el cielo y que se asemeja a una forma humana. Es solo una cáscara. En ocasiones, el cuerpo astral de una persona moribunda es proyectado por un deseo intenso y es visto por amigos y parientes queridos. Se han registrado muchos casos de este tipo, y es probable que el estudiante conozca sucesos de esta naturaleza. En lecciones posteriores hablaremos sobre el cuerpo astral y las envolturas astrales. Tendremos la ocasión de entrar en más detalles cuando lleguemos al tema del plano astral, de hecho, el cuerpo astral formará parte de varias lecciones.

El cuerpo astral es invisible para el ojo común, pero es fácilmente percibido por aquellos que tienen cierto grado de poder clarividente. Bajo ciertas circunstancias, el cuerpo astral de una persona viva puede ser visto por amigos y otras personas, teniendo mucho que ver en ello el estado mental de las personas y del observador. Por supuesto, el ocultista entrenado y desarrollado es capaz de proyectar su cuerpo astral conscientemente, y puede hacerlo aparecer a voluntad; pero tales poderes son raros y solo se adquieren después de alcanzar una cierta etapa de desarrollo.

El adepto ve cómo el cuerpo astral se desprende del cuerpo físico cuando se acerca la hora de la muerte. Se le ve flotar sobre el cuerpo físico, al que está unido por un delgado hilo. Cuando el hilo se rompe, la persona muere y el alma continúa su camino llevando consigo el cuerpo astral, que a su vez es desechado al igual que el cuerpo físico. Es importante recordar que el cuerpo astral es simplemente un grado más fino de materia y que es solo un vehículo para el alma, al igual que lo es el cuerpo físico, y que ambos son desechados en el momento adecuado. El cuerpo astral, al igual que el físico, se desintegra después de la muerte de la persona, y las personas de naturaleza psíquica a veces ven los fragmentos disolviéndose alrededor de los cementerios, en forma de luz violeta.

Solo estamos señalando los diferentes vehículos del alma humana, sus siete principios, y debemos avanzar rápidamente al siguiente principio. Nos gustaría hablar sobre el interesante fenómeno del ego abandonando el cuerpo físico en el cuerpo astral, mientras uno está "dormido". Nos gustaría explicarte lo que ocurre durante el sueño y cómo uno puede dar órdenes a su yo astral para que obtenga cierta información o resuelva ciertos problemas mientras está envuelto en el sueño, pero eso pertenece a otra fase de nuestro tema, y debemos continuar después de simplemente abrir tu apetito. Queremos que estos siete principios se fijen bien en tu mente para que puedas comprender los términos cuando los usemos más adelante.

## 3. Prana o Fuerza Vital

Hemos hablado algo sobre el Prana en nuestro pequeño libro, "La ciencia de la respiración", que muchos de ustedes han leído. Como dijimos en ese libro, Prana es la energía universal, pero en nuestra consideración nos limitaremos a esa manifestación de Prana que llamamos fuerza vital. Esta fuerza vital se encuentra en todas las formas de vida, desde la ameba hasta el ser humano, desde la forma más elemental de vida vegetal hasta la forma más elevada de vida animal. Prana es omnipresente. Se encuentra en todas las cosas que tienen vida, y como la filosofía oculta enseña que la vida está en todas las cosas, en cada átomo, la aparente falta de vida de algunas cosas es solo un grado menor de manifestación. Podemos entender que Prana está en todas partes, en todo. Prana no es el ego, sino simplemente una forma de energía utilizada por el ego en su manifestación material. Cuando el ego se separa del cuerpo físico, en lo que llamamos "muerte", el Prana, al no estar ya bajo el control del ego, responde solo a las órdenes de los átomos individuales o grupos que conformaban el cuerpo físico. A medida que el cuerpo físico se desintegra y se reduce a sus elementos originales, cada átomo lleva consigo suficiente Prana para permitir la formación de nuevas combinaciones. El Prana no utilizado retorna al gran almacén universal del cual proviene. El Prana se encuentra presente en todas las formas de materia, pero no es materia en sí mismo; es la energía o fuerza que anima la materia.

Antes de pasar al siguiente principio, queremos llamar la atención sobre el hecho de que el Prana es la fuerza subyacente a la sanación magnética, gran parte de la sanación mental, el tratamiento a distancia, etc. Lo que muchos han denominado magnetismo humano es realmente Prana.

En "La ciencia de la respiración", hemos dado instrucciones para aumentar el Prana en nuestro sistema, distribuirlo por todo el cuerpo, fortalecer cada parte y órgano, y estimular cada célula. Puede ser dirigido para aliviar el dolor en uno mismo y en los demás, enviando a la parte afectada un suministro de Prana extraído del aire. Puede ser proyectado a distancia para alcanzar a otras personas. El pensamiento del proyector envía y colorea el Prana recogido para ese propósito y encuentra alojamiento en el organismo psíquico del paciente. Al igual que las ondas de Marconi, es invisible al ojo humano (con la excepción de ciertas personas que han alcanzado un alto grado de poder clarividente); atraviesa los obstáculos y busca a la persona sintonizada para recibirlo.

Esta transferencia de Prana bajo la dirección de la voluntad es el principio subyacente de la transmisión del pensamiento, la telepatía, etc. Uno puede rodearse de un aura de Prana, coloreada con un fuerte pensamiento positivo, que le permitirá resistir las ondas de pensamiento adversas de los demás, y que le permitirá vivir sereno, incluso en una atmósfera de pensamiento antagónico e inarmónico.

Aconsejamos a los estudiantes que vuelvan a leer la parte de "La Ciencia de la Respiración" que trata sobre el uso de Prana. Entraremos en mayores detalles respecto a esta fase del tema durante el curso de estas lecciones, pero "La Ciencia de la Respiración" da una noción fundamental de la naturaleza del Prana y los métodos de su empleo. Los estudiantes harán bien en refrescar sus mentes sobre este punto.

No queremos cansarte con esta descripción de cada uno de los siete principios, y somos conscientes de que estás impaciente por entrar en las fases más interesantes del tema. Pero es absolutamente necesario que tengas una idea clara de estos siete principios, para que puedas comprender lo que sigue y para evitar la necesidad de ser "enviado de vuelta" para aprender la lección que te has saltado.

Dejaremos el tema del Prana y pasaremos al siguiente principio; pero confiamos en que no dejarás esta parte de la lección hasta que hayas adquirido una idea clara del Prana, sus cualidades y usos. Estudia tu "Ciencia de la Respiración" hasta que entiendas algo del Prana.

## Los Principios Mentales

El lector occidental que haya estudiado los escritos de algunos de los psicólogos occidentales recientes reconocerá en la Mente Instintiva ciertos atributos de la llamada mente "subjetiva" o "subconsciente" de la que hablan con tanta frecuencia dichos escritores. Estos escritores descubrieron estas características en las personas, así como ciertas fases superiores de la mente (procedentes de la Mente Espiritual), y sin investigar más a fondo, propusieron una "nueva" teoría de que el ser humano posee dos mentes, es decir, la mente "objetiva" y "subjetiva", o como algunos las han llamado, la mente "consciente" y "subconsciente". Esto estuvo bien hasta donde llegó, pero estos investigadores dejaron de lado la mente "consciente" y agruparon todo lo demás en su "mente subconsciente" o "subjetiva", ignorando el hecho de que estaban mezclando las cualidades más elevadas y más bajas de la mente y poniéndolas en la misma clase, y dejando la cualidad media sola. Las teorías de la mente subjetiva y del subconsciente son muy confusas, ya que el estudiante encuentra agrupados los destellos más sublimes del genio y las tonterías más absurdas de personas con bajo nivel de desarrollo, siendo la mente de este último casi completamente subjetiva.

Para aquellos que han leído estas teorías, les diremos que dicha lectura les será útil para comprender los tres principios mentales del ser humano. La mente consciente u objetiva se asemeja estrechamente al principio del "Intelecto" en la Filosofía Yogui; las porciones inferiores de la mente subjetiva o subconsciente corresponden a lo que los yoguis llaman el principio de "Mente Instintiva"; mientras que las cualidades más elevadas y sublimes que los escritores occidentales han notado y han agrupado junto con las cualidades inferiores al formar sus teorías de la mente subjetiva y el subconsciente, son los principios de la "Mente Espiritual" de los yoguis. No obstante, es importante destacar que la "Mente Espiritual" posee propiedades y cualidades adicionales con las que estos teóricos occidentales nunca han soñado. A medida que abordemos cada uno de estos tres principios mentales, se verán los puntos de semejanza y los puntos de diferencia entre las enseñanzas de los yoguis y las teorías occidentales.

Deseamos que se entienda claramente que no queremos quitar el mérito que justamente han ganado estos investigadores occidentales. De hecho, los yoguis tienen con ellos una deuda de gratitud por haber preparado la mente occidental para las enseñanzas más profundas. El estudiante que ha leído las obras de los autores mencionados encontrará mucho más fácil comprender la idea de los tres principios mentales en el ser humano, que si nunca hubiera oído hablar de ninguna división en el funcionamiento de la mente humana. Nuestra razón principal para señalar el error de las teorías occidentales de la mente dual es porque resulta doloroso para la mente del yogui ver cómo la manifestación más elevada de la mente, que es el asiento de la inspiración y la genialidad, aquello que toca el Espíritu puro (la Mente Espiritual) y que apenas comienza a despertar en las personas en desarrollo, se encuentra confundido, mezclado y equiparado al principio mental más bajo (la Mente Instintiva). Aunque este principio es muy necesario y útil para el ser humano, bajo la dirección de su principio superior, sigue siendo algo común en la persona menos desarrollada, incluso en las formas más bajas del reino animal y en la vida vegetal. Confiamos en que el estudiante libere su mente de ideas preconcebidas sobre este importante tema y escuche lo que decimos antes de formar su opinión final. En nuestra próxima lección profundizaremos en detalle sobre cada uno de los tres principios mentales.

# PRINCIPIOS MENTALES

En nuestra primera lección hemos llamado brevemente la atención sobre los tres principios inferiores del ser humano: (1) el cuerpo físico, (2) el cuerpo astral, (3) Prana o fuerza vital. Además, abordamos el tema de los principios mentales, los cuales constituyen el cuarto, quinto y sexto, respectivamente, de los siete principios del ser humano.

Para mayor claridad, volveremos a enumerar los cuatro principios superiores:

7. Espíritu.
6. Mente Espiritual.
5. Intelecto.
4. Mente Instintiva.

Esta terminología puede ser considerada como insatisfactoria en cierta medida, pero la adoptamos en lugar de los términos sánscritos que suelen resultar

19

desconcertantes y difíciles de comprender para el estudiante occidental promedio.

Los tres principios inferiores que vimos en la lección anterior son los más materiales. Los átomos que los conforman, por supuesto, son indestructibles y continúan existiendo en innumerables formas y aspectos para siempre. Sin embargo, en relación al ego, estos principios son simplemente herramientas utilizadas durante una vida terrenal específica, de manera similar a cómo las personas utilizan ropa, calor, electricidad, entre otros, pero no forman parte de su naturaleza superior.

Por el contrario, los cuatro principios superiores constituyen la parte pensante del ser humano, la parte inteligente, por así decirlo. Incluso el más bajo de los cuatro, la Mente Instintiva, constituye la parte superior del ser humano.

Aquellos que no han considerado el tema en absoluto tienden a considerar absurda la sugerencia de que la mente del ser humano funcione en más de un plano. Sin embargo, los estudiantes de psicología han reconocido desde hace mucho tiempo las diversas fases del proceso mental, y se han propuesto muchas teorías para explicarlas. Dichos estudiantes encontrarán que solo la Filosofía Yogui proporciona la clave para el misterio. Aquellos que han estudiado las teorías de la mente dual de ciertos escritores occidentales también encontrarán más fácil concebir más de un plano de mentalidad.

A primera vista, parecería que la parte consciente y racional de la mente humana es la que realiza la mayor parte del trabajo, si es que no todo. Pero una pequeña reflexión nos mostrará que el trabajo consciente y racional de la mente es solo una pequeña fracción de su tarea. La mente humana funciona en tres planos de esfuerzo, cada plano sombreando imperceptiblemente en los planos adyacentes, ya sea el plano inmediatamente superior o el plano inmediatamente inferior. El estudiante puede pensar en el asunto como una sola mente que funciona a lo largo de tres líneas, o como tres mentes que se entremezclan; ambas visiones tienen algo de verdad en ellas; la verdad real es demasiado compleja para ser considerada en detalle en una lección elemental. Lo principal es fijar la idea en la mente —construir clavijas mentales sobre las cuales colgar futura información. Nos referiremos brevemente a las diversas "mentes" o planos de esfuerzo mental, comenzando con el más bajo, la Mente Instintiva.

## 4. La Mente Instintiva

Este plano de actividad mental lo compartimos en conexión con los animales inferiores, al menos en sus formas más bajas. Es el primer plano de actividad mental alcanzado en la escala de evolución. Sus fases más bajas son aquellas en las que la conciencia apenas es evidente, y se extiende desde este humilde lugar en la escala hasta manifestar un grado muy alto de conciencia en comparación con sus fases más bajas. De hecho, cuando comienza a difuminarse en el quinto principio, es difícil distinguirlo de las formas más bajas de este último.

El primer destello de la Mente Instintiva se puede observar incluso en el reino mineral, específicamente en los cristales, por ejemplo. A medida que ascendemos en la escala hacia el reino vegetal, esta manifestación se hace más clara y aumenta; algunas familias superiores de plantas incluso muestran una forma rudimentaria de conciencia. Luego, en el mundo de los animales inferiores, se observan crecientes manifestaciones de la Mente Instintiva, desde la inteligencia casi vegetal de las formas más bajas, hasta alcanzar un grado casi igual al de la forma más baja de la vida humana. Posteriormente, entre las personas, lo vemos matizarse gradualmente en el quinto principio, el Intelecto. Finalmente, en la forma más elevada de la vida humana actual, se observa cómo el quinto principio, el Intelecto, controla y subordina en cierta medida al cuarto principio, ya sea de manera sabia o no.

Es importante recordar que incluso la forma más elevada de vida humana lleva consigo el cuarto principio, la Mente Instintiva, y la utiliza en diversos grados, o es utilizado por ella. La Mente Instintiva es muy valiosa para la vida humana en esta etapa de su desarrollo. De hecho, no podríamos existir como seres físicos sin ella, y puede convertirse en un valioso servidor si se comprende adecuadamente. Pero, ¡ay de aquel que permite que la Mente Instintiva permanezca bajo control o usurpe prerrogativas pertenecientes a su hermano superior!

En este punto, es importante destacar que el ser humano aún se encuentra en proceso de crecimiento y desarrollo, no es un producto completo en absoluto. Ha alcanzado su etapa actual de crecimiento después de un arduo viaje, pero todavía es solo el amanecer y el día completo está lejos. El quinto principio, el Intelecto, se ha desarrollado hasta cierto punto, especialmente en las personas más avanzadas en la actualidad, pero el desarrollo está recién comenzando para muchos. Hay muchas personas que son poco más que animales, y sus mentes funcionan casi completamente en el plano instintivo. Y todas las personas de hoy en día, con excepción de unos pocos individuos muy desarrollados, deben estar en guardia para evitar que la Mente Instintiva ocasionalmente ejerza su poder sobre ellas en momentos de distracción.

La fase más básica del trabajo de la Mente Instintiva se asemeja al mismo trabajo que se manifiesta en el reino vegetal. Esta parte de la mente se encarga de realizar las funciones necesarias para mantener nuestros cuerpos. El constante trabajo de reparación, sustitución, cambio, digestión, asimilación, eliminación, entre otros, es llevado a cabo por esta parte de la mente, operando por debajo del plano de la conciencia. El maravilloso trabajo del cuerpo, tanto en la salud como en la enfermedad, es realizado fielmente por esta parte de nuestra mente, todo ello sin nuestro conocimiento consciente.

El trabajo inteligente de cada órgano, parte y célula del cuerpo está supervisado por esta parte de la mente. Lee en "La Ciencia de la Respiración" acerca del maravilloso proceso de la circulación de la sangre y su purificación, y comprenderás, aunque débilmente, cuán maravillosa es incluso esta fase más básica de la Mente Instintiva.

Cualquier obra de fisiología te dará una idea clara de lo que hace, aunque el autor no explique la causa detrás de ello. Esta parte del trabajo de la Mente Instintiva se lleva a cabo de manera perfecta en los animales inferiores, las plantas y las personas, hasta que estas últimas comienzan a desplegar un poco el intelecto. En ese momento, a menudo comienzan a interferir en el trabajo que pertenece adecuadamente a este plano de la mente, enviando sugestiones adversas, pensamientos de miedo, etc.. Sin embargo, este problema es temporal, ya que cuando el intelecto se despliega un poco más, se da cuenta del error en el que ha caído y procede a corregir el problema y prevenir su recurrencia.

Pero esto es solo una parte del campo de acción de la Mente Instintiva. A medida que el animal avanzaba en la escala evolutiva, surgieron ciertas necesidades para su protección y bienestar. No podía razonar sobre estas cosas, de modo que la maravillosa inteligencia presente en la Mente Instintiva, de manera subconsciente, se desplegó hasta que fue capaz de comprender la situación y hacerle frente. Despertó el "instinto de lucha" en el salvaje como un mecanismo para su supervivencia. Esta acción de la Mente Instintiva, altamente beneficiosa para su propósito y esencial para la preservación de la vida animal, todavía está presente en nosotros y ocasionalmente se proyecta en nuestra mentalidad con un sorprendente grado de fuerza.

Todavía hay mucho del antiguo espíritu de lucha animal en nosotros, aunque hemos logrado controlarlo y mantenerlo restringido, gracias a la luz obtenida de nuestras facultades superiores en desarrollo. La Mente Instintiva también enseñó al animal cómo construir sus nidos, cómo emigrar antes de la llegada del invierno, cómo hibernar, y miles de otras cosas bien conocidas por los estudiantes de historia natural. Además, nos enseña cómo hacer las muchas cosas que realizamos instintivamente y también asume tareas que hemos aprendido a realizar mediante nuestro intelecto y luego las transmitimos a la Mente Instintiva, que las ejecuta casi automáticamente. Es sorprendente cuántas de nuestras tareas diarias se realizan bajo la dirección de nuestra Mente Instintiva, sujeta solo a una supervisión ocasional del intelecto. Cuando aprendemos a hacer las cosas "de memoria", significa que lo hemos dominado a nivel intelectual y luego lo hemos transferido al plano instintivo del funcionamiento mental. La mujer con su máquina de coser, el hombre manejando una herramienta, el pintor con su pincel, todos encuentran en la Mente Instintiva a una buena amiga; de hecho, el intelecto se cansaría rápidamente si tuviera que llevar a cabo estas tareas cotidianas. Observa la diferencia entre aprender a hacer algo y hacerlo después de haberlo aprendido. Estas manifestaciones de la Mente Instintiva, por supuesto, se encuentran entre sus fases superiores y se deben en gran medida a su contacto y fusión con el intelecto en desarrollo.

La Mente Instintiva es también la mente del "hábito". El intelecto (ya sea la del dueño de la Mente Instintiva o de alguna otra persona) le transmite ideas, que luego lleva a cabo fielmente al pie de la letra, a menos que sean corregidas o se le den mejores instrucciones, o peores, por parte del intelecto de alguien más.

La Mente Instintiva es un extraño almacén. Está llena de cosas recibidas de una variedad de fuentes. Contiene muchas cosas que ha recibido a través de la herencia; otras cosas que se han desarrollado dentro de ella, cuyas semillas fueron sembradas en el momento del impulso primordial que inició la vida en el camino, y otras cosas que ha recibido del intelecto, incluyendo sugestiones de otros, así como ondas de pensamiento emitidas por las mentes de otros, que se han alojado en sus corredores. Ahí hay todo tipo de tonterías, así como sabiduría. Abordaremos esta fase del tema en lecciones posteriores, bajo el título de sugestión y autosugestión, poder del pensamiento, entre otros.

La Mente Instintiva manifiesta diversos grados de conciencia, que van desde la subconsciencia casi absoluta hasta la conciencia simple de los animales más elevados y las formas más bajas del ser humano. La autoconciencia llega al ser humano con el despliegue del intelecto, y hablaremos de ello en su debido momento. La conciencia cósmica o universal llega con el despliegue de la Mente Espiritual y se tratará más adelante. Este crecimiento gradual de la conciencia es una rama muy interesante e importante del tema que tenemos ante nosotros, y se mencionará y explorará en diferentes puntos de este curso.

Antes de pasar al siguiente principio, debemos llamar la atención sobre el hecho de que la Mente Instintiva es el asiento de los apetitos, pasiones, deseos, instintos, sensaciones, sentimientos y emociones de orden inferior, manifestados tanto en el ser humano como en los animales inferiores. Por supuesto, existen ideas, emociones, aspiraciones y deseos más elevados que llegan a las personas avanzadas desde la Mente Espiritual en desarrollo, pero los deseos animales, y los sentimientos y emociones ordinarias pertenecen a la Mente Instintiva. Todos los "sentimientos" que pertenecen a nuestra naturaleza pasional y emocional pertenecen a este plano. Todos los deseos animales en el plano físico, como el hambre y la sed, los deseos sexuales; todas las pasiones, como el amor físico, el odio, la envidia, la malicia, los celos, la venganza, forman parte de ella. El deseo de lo físico (a menos que sea como medio para alcanzar cosas superiores), el anhelo por lo material, todo pertenece a este plano. La "lujuria de la carne, la codicia de los ojos, la vanagloria de la vida", están en este plano. Este principio es el más material de los tres principios mentales, y es el que más nos ata a la Tierra y a las cosas terrenales. Recuerda que no estamos condenando las cosas materiales o "terrenales", todas están bien en su lugar; pero la persona, en su desarrollo, empieza a ver estas cosas solo como un medio para alcanzar un fin, solo como un paso en la evolución espiritual. Con una visión más clara, deja de estar demasiado apegado al lado material de la vida y en lugar de considerarlo como el fin y el objetivo de todas las cosas, ve que, en el mejor de los casos, es solo un medio para un fin superior.

Muchos de los instintos "brutos" todavía están con nosotros y son muy evidentes en las personas subdesarrolladas. Los ocultistas aprenden a controlar y dominar estos instintos inferiores y a subordinarlos a los ideales mentales más elevados que se abren ante ellos. No te desanimes, querido estudiante, si encuentras mucho del animal todavía dentro de ti. No es un signo de maldad, ni de perversidad; de hecho, el reconocimiento de ello es una señal de que tu despliegue ha comenzado, ya que antes lo mismo estaba allí y no lo reconocías como tal, mientras que ahora lo ves y lo reconoces.

El conocimiento es poder: aprende a conocer los vestigios de la naturaleza animal dentro de ti y conviértete en un domador de bestias salvajes. Los principios superiores siempre obtendrán el dominio, pero se requiere paciencia, perseverancia y fe para la tarea. Estas cosas "bestiales" estuvieron bien en su momento: el animal las necesitaba, eran buenas para el propósito previsto, pero ahora que la persona está alcanzando puntos más altos en su camino, ve con más claridad y aprende a subordinar las partes inferiores de sí misma a las superiores.

Los instintos inferiores no fueron implantados en tu naturaleza por "el diablo"; los adquiriste a lo largo del proceso evolutivo y fueron necesarios y apropiados en su momento. Sin embargo, hoy en día, han sido ampliamente superados y pueden ser dejados atrás. No temas estas herencias del pasado; puedes dejarlas de lado o subordinarlas a cosas más elevadas a medida que avanzas en tu camino. No las desprecies, aunque las pises bajo tus pies, ya que son los escalones que te han llevado a tu estado actual y te permitirán alcanzar alturas aún mayores.

# El Intelecto

Ahora llegamos al principio mental que distingue al ser humano del animal. Los primeros cuatro principios son compartidos por el ser humano y las formas inferiores de vida, pero cuando el quinto principio comienza a desarrollarse, ha alcanzado una etapa importante en su viaje por el sendero de la realización. Siente que su humanidad se manifiesta dentro de sí.

Recuerda que no hay cambio violento ni transición marcada de la conciencia del cuarto principio a la del quinto. Como hemos explicado anteriormente, estos principios se matizan y se mezclan como los colores del espectro. A medida que se desarrolla el intelecto, ilumina tenuemente el cuarto principio y dota de razón a la vida instintiva. La conciencia simple se convierte en autoconciencia. Antes de que el quinto principio amanezca claramente, la criatura que tiene los cuatro principios bien desarrollados tiene pasiones, pero no razón; emociones, pero no intelecto; deseos, pero no voluntad racionalizada. Es el súbdito que espera al monarca, el durmiente que espera el toque mágico de aquel que ha sido enviado para despertarle del sueño profundo del hechicero. Es el animal que espera la llegada de aquello que lo transformará en un ser humano.

En algunos animales inferiores, el cuarto principio ha atraído hacia sí el matiz más básico del quinto principio, y el animal manifiesta signos de un razonamiento débil. Por otro lado, en algunas formas de seres humanos menos evolucionados, como los bosquimanos, por ejemplo, el cuarto principio apenas ha sido coloreado perceptiblemente por la entrada del quinto principio, y el individuo es apenas más que un animal. De hecho, en términos mentales, es más animal que algunos de los animales domésticos superiores, que han convivido estrechamente con las personas durante muchas generaciones y han sido influenciados por sus emanaciones mentales.

El primer signo del desarrollo real del quinto principio, el Intelecto, es la aparición de la conciencia de sí mismo. Para comprenderlo mejor, veamos qué es realmente la conciencia.

Entre los animales inferiores hay muy poco de lo que llamamos conciencia. La conciencia en estos animales es principalmente una simple sensación. La vida en las primeras etapas es casi automática. La actividad mental es casi totalmente a lo largo de líneas subconscientes y se limita únicamente a la vida física del animal: la satisfacción de sus necesidades primitivas. Con el tiempo, esta conciencia primitiva se desarrolla en lo que los psicólogos llaman conciencia simple. La conciencia simple es un "conocimiento" de cosas exteriores, una percepción y reconocimiento de objetos que no son el yo interno. La atención consciente se dirige hacia el exterior. Los animales, o los seres humanos de un orden inferior, no pueden reflexionar sobre sus esperanzas, temores, aspiraciones, planes o pensamientos, y luego compararlos con los pensamientos similares de otros de su clase. No pueden dirigir su mirada hacia el interior y especular sobre cosas abstractas. Simplemente, dan las cosas por sentadas y no hacen preguntas. No intentan encontrar soluciones a las preguntas que albergan en su interior, porque no son conscientes de que tales preguntas existan.

Con la llegada de la autoconciencia, el individuo comienza a formarse una concepción del "yo". Empieza a compararse con los demás y a razonar sobre ello. Hace un inventario mental y saca conclusiones de lo que encuentra en su mente. Empieza a pensar por sí mismo, a analizar, clasificar, separar, deducir, etc. A medida que avanza, comienza a idear cosas por sí mismo y a transmitir nuevas y frescas sugerencias a su Mente Instintiva. Comienza a confiar en su propia mente en lugar de aceptar ciegamente lo que emana de la mente de los demás. Comienza a crear por sí mismo y ya no es solo un autómata mental.

Así, a partir de un mero destello de inteligencia consciente, ha crecido la inteligencia más elevada de nuestros días. Un escritor moderno expresa de manera contundente este crecimiento en las siguientes palabras:

"Durante cientos de años, ha habido un ascenso gradual en el plano general de la autoconciencia, que puede parecer lento a los ojos humanos, pero es rápido en términos de evolución cósmica. La raza humana, con su gran cerebro, caminando erguido, gregario y a la vez brutal, se ha convertido en el rey de todas las demás bestias. Sin embargo, aunque el ser humano parece ser más avanzado que las otras especies, en realidad nació de la conciencia simple más elevada, la facultad humana básica de la autoconciencia, y su gemela, el lenguaje. A partir de esto y de lo que vino con esto, a través del sufrimiento, el trabajo y la guerra; a través de la bestialidad, el salvajismo, la barbarie; a través de la esclavitud, la codicia, el esfuerzo; a través de conquistas infinitas, a través de derrotas abrumadoras, a través de luchas interminables; a través de eras de existencia semi brutal y sin rumbo; a través de la subsistencia a base de bayas y raíces; a través del uso de la piedra o el palo encontrados casualmente; a través de la vida en los bosques profundos, con nueces y semillas, y en las orillas de las aguas con moluscos, crustáceos y peces como alimento; a través de esa victoria, quizás la más grande de los seres humanos, la domesticación y subyugación del fuego; a través de la invención y el arte del arco y la flecha; a través de la domesticación de animales y su adiestramiento para trabajar; a través del largo aprendizaje que condujo al cultivo de la tierra; a través del ladrillo de adobe y la construcción de casas con él; a través del fundido de metales y el lento nacimiento de las artes que se basan en ellos; a través de la lenta creación de alfabetos y la evolución de la palabra escrita; en resumen, a través de miles de siglos de vida humana, de aspiración humana, de crecimiento humano, surgió el mundo de los hombres y mujeres tal como se presenta ante nosotros y dentro de nosotros hoy en día con todos sus logros y posesiones".

La autoconciencia es algo fácil de comprender, pero difícil de definir. Un escritor ha expresado de manera acertada que sin autoconciencia una criatura puede saber; pero solo con la ayuda de la autoconciencia puede saber que sabe.

Con el despliegue del intelecto vinieron los comienzos de todos los logros maravillosos de la mente humana de hoy en día. Pero, por grandes que sean estos logros, no son nada comparados con lo que aún le espera a la raza. El intelecto progresará de victoria en victoria. A medida que se va desarrollando y recibiendo más luz del siguiente principio más elevado, la Mente Espiritual, podrá lograr cosas aún inimaginables. Pero es importante recordar que el intelecto es solo el tercer principio más elevado en la escala de los principios del ser humano, existen dos principios aún más elevados que el intelecto, así como el intelecto es superior al principio inferior, la Mente Instintiva. No hagas un ídolo del intelecto; no permitas que el orgullo del intelecto te ciegue.

La importancia del despertar de la autoconciencia puede ser reconocida claramente cuando decimos que la doctrina oculta establece que, una vez que la autoconciencia se ha despertado, una vez que el "yo" ha sido sentido y reconocido, comienza la vida real del alma despierta. No nos referimos a la vida que viene después del despertar espiritual —esa es una etapa aún más elevada— sino al despertar mental del alma a la conciencia del "yo". Esta es la etapa en la que el ego del bebé comienza por primera vez su existencia despierta. Hasta ese momento había permanecido dormido, vivo pero no consciente de sí mismo, y ahora ha llegado el momento de los dolores de parto y del nacimiento. El alma tiene que enfrentarse a nuevas condiciones y superar muchos obstáculos antes de alcanzar la madurez espiritual. Pasará por muchas experiencias, se verá obligada a afrontar muchas pruebas; pero el progreso sigue adelante y adelante.

En ocasiones pueden surgir contratiempos e incluso puede parecer que estamos retrocediendo, pero estos obstáculos son pronto superados y el alma continúa su camino. No hay un verdadero retroceso en el camino, y aunque el progreso pueda parecer lento, cada uno de nosotros avanza constantemente.

Esperábamos poder abordar el tema del sexto principio, la Mente Espiritual, en esta lección, pero vemos que no tenemos suficiente espacio a nuestra disposición, así que debemos posponer ese tema y el del séptimo principio, el Espíritu, hasta la próxima lección. Somos conscientes de que nuestros estudiantes están ansiosos por avanzar, y estamos perdiendo el menor tiempo posible en el camino; pero hay ciertas verdades fundamentales que deben ser comprendidas claramente antes de que nos atrevamos a dar otro paso.

Se pueden extraer varias lecciones de los temas de la Mente Instintiva y la inteligencia, y este es un lugar adecuado para considerarlas. Una de ellas es que el despertar del intelecto no necesariamente hace que la criatura se convierta en un ser mejor, en el sentido de ser "bueno". Aunque es cierto que un principio o facultad que se desarrolla puede llevar al individuo hacia una tendencia ascendente, también es verdad que algunas personas están tan inmersas en las capas de la envoltura animal y en el lado material de las cosas, que el intelecto despierto solo les otorga mayores poderes para satisfacer sus bajos deseos e inclinaciones. Si una persona lo desea, puede superar a los animales en bestialidad y descender a profundidades a las que la bestia nunca llegaría. Los animales son gobernados únicamente por su instinto y sus acciones, motivadas por él, son completamente naturales y apropiadas, por lo que no se les culpa por seguir los impulsos de su naturaleza. Sin embargo, las personas en las que se ha desarrollado el intelecto saben que es contrario a su naturaleza más elevada descender al nivel de los animales, e incluso mucho más bajo. Si a los deseos brutales se añade la astucia e inteligencia adquiridas, se prostituye deliberadamente su principio superior para llevar a cabo las propensiones animales magnificadas. Muy pocos animales abusan de sus deseos, pero algunos humanos sí lo hacen. Cuanto más desarrollado esté el intelecto de una persona, mayores serán las profundidades de bajas pasiones, apetitos y deseos a los que puede caer. De hecho, algunos individuos crean nuevos deseos brutales, construyendo edificios enteros sobre la base de la brutalidad. Los ocultistas saben que este camino traerá consigo consecuencias que harán que el alma deba pasar muchos años fatigosos, desandando el camino que ha recorrido, retrasando su progreso. El individuo se encontrará compartiendo el camino de las naturalezas bestiales de las criaturas no desarrolladas, cuyo estado apropiado del camino es precisamente ese. Pero, además, tendrá una carga adicional en forma del horror de la conciencia de su entorno, mientras que sus compañeros bestiales no tienen tal conciencia y, por lo tanto, no sufren. Si puedes imaginar a una persona civilizada y refinada, teniendo que vivir entre los bosquimanos australianos durante muchos años, con plena memoria de lo que ha perdido, puedes formar una idea aproximada del destino que le espera a quien sumerge conscientemente sus poderes más elevados en la búsqueda de objetivos y deseos bajos. Sin embargo, incluso para esa alma hay una salida, pero solo con el tiempo. Es importante que tu naturaleza superior se mantenga alerta y se niegue a ser arrastrada de vuelta a la vida animal por la que ha pasado. Mantén tu mirada hacia arriba y que tu lema sea "Adelante". La naturaleza bruta puede ejercer una atracción hacia abajo, pero la Mente Espiritual te dará una mano amiga y te sostendrá si confías en ella. El intelecto está entre los dos, y puede ser influenciado por uno o por ambos. Escoge, oh, alma luchadora. Tu ayuda está dentro de ti; búscala y rehúsa ser arrastrado de nuevo al fango de la mente animal. Manifiesta el "Yo" dentro de ti y sé fuerte. Eres un alma inmortal, y avanzas y avanzas y avanzas hacia cosas aún más grandes. Que la paz sea contigo.

# PRINCIPIOS ESPIRITUALES

En nuestra segunda lección, hemos presentado un breve esbozo de los principios cuarto y quinto del ser humano: la Mente Instintiva y el Intelecto, respectivamente. Como mencionamos anteriormente, el ser humano ha avanzado hacia la conciencia del quinto principio, el Intelecto, después de haber pasado por la etapa del cuarto principio hasta su extremo. Algunos de nosotros hemos desarrollado considerablemente la etapa intelectual, aunque es importante reconocer que solo hemos conquistado una pequeña parte del nuevo territorio de la mente y aún queda una gran tarea por delante. Por otro lado, hay quienes parecen tener una conciencia casi exclusivamente dentro de los límites de la Mente Instintiva y solo tienen una vaga idea del intelecto. Esto no solo es cierto en el caso de las razas salvajes, sino que muchas, muchísimas de las personas llamadas "civilizadas" no han aprendido a pensar por sí mismas y parecen dispuestas a permitir que otros piensen por ellas, siguiendo a ciertos líderes con el estúpido hábito de las ovejas. Sin embargo, a pesar de esto, la raza humana está progresando lentamente pero de manera constante. Un número cada vez mayor de personas que antes no habían pensado están empezando a hacerlo ahora, y cada vez más personas se niegan a aceptar el pensamiento de segunda mano y exigen saber por sí mismas.

Cuando consideramos que hay muchas personas en las que el quinto principio, el Intelecto, apenas se ha desarrollado, y que la raza humana en general ha avanzado solo unos pocos pasos hacia el reino del intelecto, empezamos a comprender lo difícil que resulta para cualquiera de nosotros, excepto para aquellos de un desarrollo espiritual excepcional, comprender incluso vagamente los principios aún más elevados. Es como si un ciego de nacimiento tratara de comprender la luz, o como si un sordo de nacimiento intentara formarse un concepto mental del sonido. Solo podemos formarnos una idea de algo a partir de nuestras experiencias. Una persona que nunca ha probado nada dulce no puede formarse una idea del azúcar. Sin experiencia o conciencia de una cosa, nuestra mente es incapaz de formarse un concepto de ella.

No obstante, casi todos los que hemos sido atraídos por estas lecciones, o que las hemos atraído hacia nosotros, hemos tenido experiencias que nos permitirán comprender algo del sexto principio. Hemos tenido destellos de conciencia que nos ayudan a entender algo de la Mente Espiritual. Una tendencia hacia lo oculto, el hambre del alma por más luz, son indicios de que el sexto principio, la Mente Espiritual, está comenzando a sombrear nuestra conciencia. Aunque puedan pasar siglos antes de que despertemos a la plena Conciencia Espiritual, estamos siendo influenciados y ayudados por ella. Esta inquietud espiritual a menudo nos causa gran incomodidad, hasta que encontramos el camino correcto hacia el conocimiento. Incluso después de eso, nos sentimos más o menos insatisfechos por las pocas migajas que caen de la mesa del Conocimiento. Pero no desesperes, buscador de la Verdad; estos dolores son solo los dolores del nacimiento espiritual. Grandes cosas están ante ti, así que toma valor y no temas.

Hacia el final de esta lección hablaremos del proceso de "Iluminación" o Conciencia Espiritual, que ha llegado o está llegando a muchos de nosotros, y lo que tenemos que decir puede arrojar luz sobre muchas experiencias que han llegado a ti, y para las cuales no has tenido una explicación hasta ahora.

Ahora abordaremos el tema del sexto principio, la Mente Espiritual. Para aquellos que han tenido destellos de conciencia desde este plano del alma, será más o menos comprensible, aunque para aquellos que aún no han alcanzado esta etapa de desarrollo, puede estar lleno de palabras difíciles y "esquinas oscuras". Sin embargo, el séptimo principio, el Espíritu, está más allá de la comprensión de cualquier persona, excepto de las pocas almas iluminadas y altamente desarrolladas, dentro y fuera del cuerpo, que se encuentran en un nivel mucho más elevado que el individuo común, de la misma manera en que un ser iluminado está por encima de un bosquimano. Solo podemos transmitir lo suficiente para darte una idea intelectual general de lo que se entiende por "Espíritu" —la conciencia de ello está todavía muy lejos de la raza en su etapa actual. Sin embargo, es importante saber de la existencia del Espíritu, ya que nos ayuda a comprender algo de la Mente Espiritual, que es el medio de comunicación entre el Espíritu y la conciencia Intelectual. La comprensión de la Mente Espiritual abre un mundo de pensamiento tan maravilloso que nos conformamos con dejar la comprensión del Espíritu hasta el momento en que lleguemos a la conciencia de él.

## 6. La Mente Espiritual

El sexto principio, la Mente Espiritual, ha sido denominada por algunos escritores como "La Mente Superconsciente", un término bastante apropiado, ya que establece una distinción entre la Mente Subconsciente o Instintiva inferior, la Mente Consciente o Intelecto, y la Mente Espiritual, que aunque está fuera del ámbito de la conciencia humana común, difiere significativamente de la Mente Instintiva inferior.

Si bien la existencia real de la Mente Espiritual ha sido revelada solo a un número limitado de la raza humana, hay muchos que están tomando conciencia de un "Algo Superior" que los lleva a pensamientos, deseos, aspiraciones y acciones más nobles y elevados. Además, hay un número aún mayor de personas que reciben un tenue destello de la luz del Espíritu y, aunque puedan no ser conscientes de ello, están siendo influenciadas de alguna manera por su presencia. De hecho, toda la raza humana recibe algunos de sus rayos benéficos, aunque en algunos casos la luz está tan oscurecida por los densos obstáculos materiales que rodean a la persona, que su amanecer espiritual es casi comparable a la oscuridad de la noche. Sin embargo, las personas siempre están evolucionando, desechando capa tras capa, y lentamente están volviendo a casa. Eventualmente, la luz brillará sobre todos.

Todo lo que consideramos bueno, noble y grandioso en la mente humana emana de la Mente Espiritual y se despliega gradualmente en la conciencia común. Algunos escritores orientales prefieren el término "proyectado", ya que indica más correctamente el proceso por el cual el rayo de luz es enviado a la conciencia de una persona que aún no ha alcanzado el nivel sobrehumano de la plena conciencia Espiritual. Todo lo que ha llegado al ser humano en su evolución, lo que tiende a la nobleza, al verdadero sentimiento religioso, a la bondad, la humanidad, la justicia, al amor desinteresado, a la misericordia, a la simpatía, y más, ha llegado a través de su Mente Espiritual, que se va desplegando lentamente. Su amor por Dios y su amor por el prójimo han llegado de esta manera. A medida que el despliegue continúa, su idea de justicia se amplía; tiene más compasión; su sentimiento de hermandad humana aumenta; su idea de amor crece, y aumenta en todas las cualidades que los seres humanos de todas las creencias consideran "buenas". Esto se puede resumir como el intento práctico de vivir las enseñanzas de aquel gran Maestro espiritual cuando enunció esa gran verdad (muy comprendida por los ocultistas de todas las creencias, pero tan poco comprendida por muchos que dicen ser sus seguidores), diciendo: "Ama al Señor tu Dios, con todo tu corazón, con toda tu alma, con todas tus fuerzas y con toda tu mente", y "Ama a tu prójimo como a ti mismo".

A medida que la Conciencia Espiritual del ser humano comienza a desplegarse, comienza a tener un sentido permanente de la realidad de la existencia del Poder Supremo y, creciendo junto con él, encuentra el sentido de la Hermandad Humana —de la relación humana— llegando gradualmente a la conciencia. No obtiene estas cosas de su Mente Instintiva, ni tampoco su intelecto le hace sentirlas. La Mente Espiritual no va en contra del intelecto, simplemente va más allá del intelecto. Transmite al intelecto ciertas verdades que encuentra en sus propias regiones de la mente y el intelecto razona sobre ellas. Pero no se originan en el intelecto. El intelecto es frío, la conciencia espiritual es cálida y animada por sentimientos elevados.

El crecimiento del ser humano hacia una idea mejor y más plena del Poder Divino no proviene del intelecto, aunque este último razone sobre las impresiones recibidas y trate de formarlas en sistemas, credos, cultos, etc. Tampoco el intelecto nos da nuestro creciente sentido de la relación entre los seres humanos, la Hermandad Humana. Veamos por qué el ser humano es más amable que nunca con su especie y con las formas de vida inferiores. No se debe solo a que el intelecto le enseña el valor de la amabilidad y el amor, porque el ser humano no se vuelve amable o amoroso mediante el frío razonamiento. Por el contrario, se vuelve bondadoso y amoroso porque surgen en él ciertos impulsos y deseos, procedentes de algún lugar desconocido, que le hacen imposible ser de otro modo sin experimentar incomodidad y dolor. Estos impulsos son tan reales como cualquier otro deseo o impulso, y a medida que el ser humano se desarrolla, se vuelven más numerosos y mucho más fuertes. Observa el mundo de hace unos cientos de años y compáralo con el de hoy, verás claramente cuánto más amables y amorosos somos en la actualidad. Pero no nos jactemos de ello, ya que para aquellos que nos sigan, desde su perspectiva, pareceremos simples salvajes y se asombrarán de la inhumanidad hacia nuestros semejantes.

A medida que el ser humano se desarrolla espiritualmente, siente su relación con toda la humanidad y comienza a amar cada vez más a sus semejantes. Le duele ver sufrir a los demás, y cuando el dolor es fuerte, trata de hacer algo para remediarlo. Con el tiempo y el desarrollo del ser humano, el terrible sufrimiento que muchos seres humanos experimentan hoy en día será imposible, porque que el desarrollo de la Conciencia Espiritual de la raza hará que el dolor sea sentido tan severamente por todos, que la raza no podrá soportarlo y exigirá que se remedie la situación. Desde los rincones más profundos del alma surge una protesta contra el seguimiento de la naturaleza animal inferior y, aunque podamos ignorarla por un tiempo, se volverá cada vez más persistente hasta que nos veamos obligados a prestarle atención. La antigua historia de que cada persona tiene dos consejeros, uno en cada oído, uno susurrándole que siga las enseñanzas superiores y el otro tentándolo a seguir el camino más bajo, se demuestra que es prácticamente cierta por la enseñanza oculta relativa a los tres principios mentales. El intelecto representa la conciencia del "yo" de la persona promedio. Este "yo" tiene, por un lado, la Mente Instintiva que le envía los antiguos deseos del yo anterior, los impulsos de la vida menos desarrollada del animal o del ser inferior, que eran muy adecuados en etapas más bajas de desarrollo, pero que no son dignos del ser en evolución. Por otro lado, está la Mente Espiritual que envía sus impulsos de despliegue al intelecto, esforzándose por atraer la conciencia hacia sí misma, para ayudar en el despliegue y desarrollo de la persona y hacer que domine y controle su naturaleza inferior.

La lucha entre la naturaleza superior e inferior ha sido observada por muchos estudiosos de la mente y el carácter humano, y se han propuesto varias teorías para explicarla. En tiempos antiguos, se enseñaba que el ser humano estaba siendo tentado por el diablo, por un lado, y ayudado por un ángel guardián por el otro. Sin embargo, la verdad es conocida por todos los ocultistas: la lucha es entre los dos elementos de la naturaleza humana, los cuales no luchan exactamente, sino que cada uno sigue su propia línea de esfuerzo, y el "yo" es desgarrado y maltratado en sus esfuerzos por reajustarse.

El Ego se encuentra en una etapa de transición de la conciencia, y la lucha puede ser bastante dolorosa a veces. Pero, a medida que crece, con el tiempo se eleva por encima de la atracción de la naturaleza inferior, y el amanecer de la Conciencia Espiritual le permite entender la verdadera situación. Esto le ayuda a afirmar su dominio sobre el yo inferior y a adoptar una actitud enérgica hacia él. Al mismo tiempo, se abre a la luz de la Mente Espiritual y se inclina en una actitud receptiva hacia ella, sin resistir su poder.

La Mente Espiritual también es la fuente de la "inspiración" que ciertos poetas, pintores, escultores, escritores, predicadores, oradores y otros han recibido en todos los tiempos y que siguen recibiendo hoy en día. De aquí proviene la visión del vidente y la previsión del profeta. Muchas personas se han concentrado en ideales elevados en su trabajo y han recibido insólitos conocimientos de esta fuente, y a menudo los atribuyen a seres de otro mundo, ángeles, espíritus o incluso a Dios mismo. Pero en realidad, todo proviene del interior, es la voz de su Ser Superior hablándoles. No queremos decir que no reciban comunicaciones de otras inteligencias, todo lo contrario. Sabemos que las inteligencias superiores a menudo se comunican con el individuo a través del canal de su Mente Espiritual. Sin embargo, gran parte de lo que se ha atribuido a inteligencias externas, en realidad proviene de su propio ser interior. A través del desarrollo de la Conciencia Espiritual, pueden establecer una relación y contacto elevados con esta parte superior de su naturaleza y así poseer un conocimiento que el Intelecto nunca podría haber soñado.

Asimismo, el ser humano tiene acceso a ciertos poderes psíquicos elevados, pero rara vez los obtiene hasta que se ha elevado por encima de las atracciones de la parte inferior de su naturaleza, ya que, de no ser así, podría utilizar estos dones elevados para fines viles. Solamente cuando deja de interesarse por el poder para su uso personal, llega el poder. Tal es la Ley.

Cuando una persona conoce la existencia de su Mente Espiritual y comienza a seguir sus impulsos y directrices, fortalece su vínculo de comunicación con ella y, en consecuencia, recibe una luz más brillante. Cuando aprendemos a confiar en el Espíritu, este responde enviándonos destellos más frecuentes de iluminación y conocimiento. A medida que uno se desarrolla en la Conciencia Espiritual, confía cada vez más en esta Voz Interna y puede distinguirla fácilmente de los impulsos de los planos inferiores de la mente. Aprende a seguir las indicaciones del Espíritu y a permitir que le guíe. Muchos de nosotros hemos experimentado la realidad de ser "guiados por el Espíritu". Para aquellos que han experimentado esta guía, no necesitamos decir más, porque saben exactamente a qué nos referimos. Aquellos que aún no lo han experimentado deben esperar hasta que llegue el momento para ellos. No podemos describirlo, porque no hay palabras para expresar estas cosas que están más allá de las palabras.

Hacia el final de esta lección daremos un breve esbozo de algunas de las fases de la "Iluminación" o despertar de la Conciencia Espiritual, que ha llegado a algunos de nosotros y llegará a todos en esta o futuras fases de su desarrollo. Pasemos rápidamente a una breve consideración de lo aquello que solo puede ser débilmente comprendido por cualquiera de nosotros: el Séptimo Principio —el Espíritu.

## 7. Espíritu

¿Cómo abordar este tema, que incluso las mentes más avanzadas en la carne de hoy en día apenas pueden comprender? ¿Cómo puede lo finito expresar o comprender lo infinito? El Espíritu, Séptimo Principio del ser humano, es la Chispa Divina, nuestra herencia más preciosa del Poder Divino, un rayo del Sol Central - el Yo Real. Las palabras no pueden expresarlo. Nuestra mente no puede comprenderlo. Es el alma del Alma. Para entenderlo, debemos entender a Dios, porque el Espíritu es una gota del océano del Espíritu, un grano de arena de las orillas del Infinito, una partícula de la Llama Sagrada. Es ese algo dentro de nosotros que es la causa de nuestra evolución a través de todas las fatigosas edades. Fue lo primero en ser y, sin embargo, será lo último en aparecer en plena conciencia. Cuando el ser humano alcance una conciencia plena del Espíritu, será tan elevado que es algo incomprensible para el intelecto humano de hoy en día. El Espíritu es el Séptimo Principio del ser humano, es la Chispa Divina y es nuestra herencia más preciosa de la Fuerza Divina, un rayo del Sol Central, el Yo Verdadero. Las palabras no pueden expresarlo, nuestras mentes no pueden comprenderlo. Es el alma del Alma. Para entenderlo, debemos entender a Dios, porque el Espíritu es una gota del océano del Espíritu, un grano de arena de las orillas del Infinito, una partícula de la Llama Sagrada.

Es aquello que ha causado nuestra evolución a través de las edades. Fue lo primero que existió y, sin embargo, será lo último en aparecer en plena conciencia.

Cuando la persona llegue a la plena conciencia del Espíritu, será tan elevada, que actualmente es inconcebible para el intelecto. Confinada en muchas envolturas de materia, ha esperado durante las largas y agotadoras edades por siquiera un leve reconocimiento, y está contenta de esperar por más edades hasta traerlo completamente a la conciencia. El ser humano debe ascender muchos peldaños de desarrollo, desde el humano hasta el arcángel, antes de que el Espíritu reclame plenamente lo suyo. El Espíritu es aquello dentro del ser humano que más se aproxima al Centro —lo que está más cerca de Dios. Solo en momentos excepcionales y preciados somos conscientes de su existencia dentro de nosotros. En esos momentos, llegamos a la imponente presencia de lo Desconocido. Estos momentos pueden surgir en profunda reflexión religiosa, durante la lectura de un poema con un mensaje conmovedor que llega directamente al alma, en momentos de aflicción cuando toda ayuda humana nos ha fallado y las palabras humanas parecen burlas, o en un momento de desesperación cuando todo parece perdido y sentimos la necesidad de una palabra directa de un ser superior a nosotros. Cuando estos momentos llegan, nos dejan una paz que nunca nos abandona del todo y cambiamos por completo desde entonces. En el momento de la Iluminación o del amanecer de la Conciencia Espiritual, también sentimos la presencia real del Espíritu. En esos momentos, nos hacemos conscientes de nuestra relación y conexión con el Centro de la Vida. A través del Espíritu, Dios se revela al ser humano.

No podemos extendernos más sobre este tema, ya que nos supera y las simples palabras parecen demasiado débiles para expresarlo adecuadamente. Aquellos que han sentido los impulsos de la Mente Espiritual han tenido una débil conciencia del sentido permanente del Espíritu, aunque no pueden comprender completamente su significado. Y aquellos que no han experimentado esto, no podrían comprender nuestras concepciones imperfectas y no desarrolladas del tema, aunque escribiéramos volúmenes sobre ellas. Por lo tanto, seguiremos adelante, confiando en haber despertado en tu mente un ligero deseo de entrar en comunión y contacto más estrechos con la parte más elevada del Ser, el Ser mismo. Que la Paz del Espíritu permanezca contigo.

## Iluminación o Conciencia Espiritual

Para muchas personas, la Mente Espiritual se despliega gradual y lentamente. Aunque puedan sentir un aumento constante de conocimiento y conciencia espiritual, es posible que no hayan experimentado ningún cambio marcado y sorprendente. Otros han tenido momentos conocidos como "Iluminación", en los que parecían elevarse por encima de su estado normal, pasando a un plano superior de conciencia o ser, que los dejaba más avanzados que nunca. Sin embargo, no podían recordar claramente lo que habían experimentado mientras estaban en ese estado exaltado de la mente. Estas experiencias han llegado a muchas personas de diferentes creencias religiosas y han estado asociadas generalmente con alguna característica de la creencia religiosa particular sostenida por la persona que experimenta la iluminación.

Los ocultistas avanzados reconocen que todas estas experiencias son formas diferentes de una misma cosa: el despertar de la Conciencia Espiritual, el desarrollo de la Mente Espiritual. Algunos escritores han llamado a esta experiencia "Conciencia Cósmica", lo cual es un nombre muy apropiado, ya que la iluminación, al menos en sus formas más elevadas, nos pone en contacto con toda la vida, haciéndonos sentir una sensación de parentesco con toda Vida, alta o baja, grande o pequeña, "buena" o "mala".

Por supuesto, estas experiencias varían significativamente según el grado de desarrollo del individuo, su formación previa, su temperamento, entre otros factores, pero ciertas características son comunes a todos. La sensación más frecuente es la de poseer un conocimiento casi completo de todas las cosas, casi omnisciencia. Este sentimiento solo dura un momento y al principio lo deja a uno en una agonía de arrepentimiento por lo que ha visto y perdido. Otro sentimiento comúnmente experimentado es la certeza de la inmortalidad, un sentido de ser real, y la certeza de haber existido siempre y estar destinado a existir siempre. Otro sentimiento es la desaparición total del miedo y la adquisición de un sentimiento de certeza, confianza y seguridad que está más allá de la comprensión de aquellos que nunca lo han experimentado. Entonces, se apodera de uno un sentimiento de amor, un amor que abarca toda la Vida, desde aquellos que están cerca de uno en la carne hasta aquellos que están en las partes más lejanas del universo, desde aquellos que consideramos puros y santos hasta aquellos que el mundo considera viles, malvados y totalmente indignos. Todos los sentimientos de arrogancia y condena parecen desaparecer, y el amor de uno, como la luz del sol, cae sobre todos por igual, independientemente de su grado de desarrollo o "bondad".

En algunos casos, estas experiencias se han manifestado como un estado de ánimo o un sentimiento profundo y reverente, que se ha apoderado completamente de ellos durante unos instantes o más. Mientras que en otros casos, han parecido un sueño y han sido conscientes de una elevación espiritual acompañada de una sensación de estar rodeados por una luz o un resplandor brillante y omnipresente. Para algunos, ciertas verdades se han manifestado en forma de símbolos cuyo verdadero significado no se hizo evidente hasta mucho tiempo después.

Cuando uno ha tenido estas experiencias, le han dejado en un nuevo estado mental y nunca ha vuelto a ser la misma persona. Aunque la agudeza del recuerdo se haya desvanecido, queda un cierto recuerdo que mucho tiempo después le sirve de consuelo y fortaleza, especialmente cuando se siente débil de fe y es sacudido como un junco por los vientos de las opiniones conflictivas y las especulaciones del intelecto. El recuerdo de tal experiencia es una fuente de fuerza renovada, un refugio al que el alma cansada acude para protegerse del mundo exterior, que no la comprende.

Estas experiencias suelen ir acompañadas de un sentimiento de intensa alegría; de hecho, la palabra y el pensamiento "alegría" parecen estar en lo más alto de la mente en ese momento. Pero no se trata de una alegría común, sino de una alegría cuyo recuerdo hará que la sangre se estremezca y el corazón palpite cada vez que la mente vuelva a la experiencia. Como ya hemos dicho, también se produce una sensación de "conocimiento" de todas las cosas, una iluminación intelectual imposible de describir.

En los escritos de los antiguos filósofos de todas las razas, en los cantos de los grandes poetas de todos los pueblos, en las predicaciones de los profetas de todas las religiones y épocas, podemos encontrar rastros de esta iluminación que les ha llegado, de este despliegue de la Conciencia Espiritual. No tenemos suficiente espacio para enumerar estos numerosos casos, ya que cada uno los cuenta de manera diferente, pero todos prácticamente narran la misma historia. Aquellos que han experimentado esta iluminación, incluso en un grado débil, reconocen la misma experiencia en el cuento, la canción o la predicación de otro, aunque pasen siglos entre ellos. Es la canción del Alma, que una vez escuchada nunca se olvida. Aunque suene con el instrumento rudimentario de las razas semi bárbaras o con el instrumento perfeccionado del talentoso músico de hoy, sus acordes son claramente reconocibles. La canción viene del Antiguo Egipto, de la India de todas las épocas, de la antigua Grecia y Roma, de los primeros santos cristianos, de los amigos cuáqueros, de los monasterios católicos, de las mezquitas mahometanas, de los filósofos chinos, de las leyendas de los héroes y profetas de los indios americanos; siempre es la misma melodía, y cada vez suena más fuerte, ya que son muchos más los que la hacen suya y añaden sus voces o los sonidos de sus instrumentos al gran coro.

Ese poeta occidental tan incomprendido, Walt Whitman, sabía lo que quería decir (y nosotros también) cuando expresaba en versos sencillos sus extrañas experiencias. Lee lo que dice. ¿Alguna vez se ha expresado mejor?:

Como en un desmayo, un instante.
Otro sol, inefable, me deslumbra por completo,
Y todos los orbes que conocí, y más brillantes,
orbes desconocidos.
Un instante de la tierra futura, la tierra del Paraíso.

Y cuando despierta de su éxtasis, exclama:

No puedo estar despierto, porque nada
me parece como antes.
O bien estoy despierto por primera vez, y
antes ha sido un sueño insignificante.

Y debemos unirnos a él cuando expresa la incapacidad humana para describir inteligentemente este asunto, con estas palabras:

Cuando intento contar lo mejor posible lo que encuentro, no puedo.

Mi lengua es ineficaz en sus pivotes.
Mi aliento no obedece a sus órganos,
Me convierto en un hombre mudo.

Que esta gran alegría de la Iluminación sea tuya, querido estudiante. Y será tuya cuando llegue el momento apropiado. No te desanimes cuando llegue, ni llores su pérdida cuando se vaya, ya que volverá de nuevo. Sigue viviendo, elevándote hacia tu Ser Real y abriéndote a su influencia. Mantente siempre dispuesto a escuchar la voz del Silencio, siempre dispuesto a responder al toque de la Mano Invisible. En el pequeño manual "Luz en el Sendero" encontrarás muchas cosas que quizás ahora te parezcan más claras.

No vuelvas a temer, porque siempre tienes contigo al Ser Real, que es una chispa de la Llama Divina, y que será como una lámpara a tus pies para mostrarte el camino.

Que la Paz sea Contigo.

# EL AURA HUMANA

En nuestras tres lecciones anteriores, hemos mencionado brevemente los siete principios del ser humano. Sin embargo, la constitución humana no estaría completa sin hacer referencia a lo que los ocultistas conocen como el Aura Humana. Esta forma parte de las enseñanzas ocultas, y se hace referencia a ella en los escritos y tradiciones ocultas de todas las razas. Ha habido considerables malentendidos y confusiones en torno al aura humana, y la verdad ha sido oscurecida por diversas especulaciones y teorías de algunos escritores sobre el tema. Esto no es sorprendente, ya que el aura solo es visible para aquellos con un poder psíquico altamente desarrollado. Algunos con una vista inferior solo han sido capaces de ver algunas de las manifestaciones más toscas de la emanación que constituye el aura y han pensado y enseñado que eso es todo lo que se puede ver. Pero la verdad es que tales personas solo han visto una parte de la totalidad, el resto queda reservado para los de desarrollo superior.

Algunos maestros de los últimos años han enseñado que el aura es en realidad una proyección de los diversos principios del ser humano más allá del espacio ocupado por su cuerpo físico. Sin embargo, esto solo es verdad en el sentido de que la luz del sol es una parte del sol, los rayos de la luz eléctrica una parte de la luz, el calor irradiado de una estufa del calor contenido dentro de la estufa, o el olor de una flor de la flor misma. El aura es realmente una emanación de uno o más de los siete principios del ser humano, radiaciones enviadas desde el principio mismo y no, estrictamente hablando, una parte del principio, excepto en el sentido antes mencionado.

Cada uno de los siete principios de que se compone el ser humano irradia una energía visible para los sentidos psíquicos desarrollados de algunos individuos de nuestra raza. Esta energía irradiada es similar a las radiaciones conocidas como "rayos X" y, al igual que ellos, es invisible para el ojo humano a menos que se ayude de algo que el ojo humano no posee normalmente. Algunas formas más elementales del aura son visibles para aquellos que poseen un grado comparativamente poco desarrollado de poder psíquico, mientras que las formas más elevadas solo se hacen visibles a medida que las facultades psíquicas se desarrollan en poder. En la actualidad, son muy pocos los que han visto el aura que emana del sexto principio, la Mente Espiritual. Y el aura del séptimo principio, el Espíritu, solo es visible para aquellos seres mucho más elevados en la escala que la raza humana, tal como la conocemos. El aura que emana de los cinco principios inferiores es vista por muchos de nosotros que hemos desarrollado el poder psíquico, pero nuestra claridad de visión y alcance de la vista están determinados por el estado particular de desarrollo que hemos alcanzado.

En esta lección, trataremos de dar a nuestros estudiantes una idea general del aura humana y un breve esbozo de lo que concierne, pero es evidente que el tema no podría ser agotado en un volumen de tamaño considerable. Es difícil condensar información de esta naturaleza, pero confiamos en poder transmitir una impresión bastante clara del tema a aquellos de nuestros estudiantes que nos sigan de cerca.

Como se ha mencionado previamente, cada uno de los siete principios del ser humano irradia una energía que, combinada, forma lo que conocemos como el aura humana. El aura de cada principio, si se eliminaran los otros principios, ocuparía el mismo espacio que el ocupado por el aura de todos o de cualquiera de los principios. En otras palabras, las diversas auras de los diferentes principios se compenetran entre sí y, al tener diferentes velocidades de vibración, no interfieren entre sí. Cuando hablamos del aura, nos referimos a la totalidad del aura del individuo, visible a la vista psíquica. Cuando hablamos del aura que emana de un principio particular, nos referimos claramente al principio.

Por supuesto, la forma más básica del aura humana es la que emana del cuerpo físico, y a menudo se conoce como el "aura de la salud", ya que es una indicación precisa del estado de salud física de la persona de cuyo cuerpo emana. Como todas las otras formas de aura, se extiende desde el cuerpo en una distancia de sesenta a noventa centímetros, dependiendo de ciertas circunstancias que no es necesario mencionar aquí. Como todas las otras manifestaciones del aura, es ovalada o en forma de huevo. (Esta forma común a las diversas manifestaciones del aura ha hecho que algunos escritores se refieran a ella como el "Huevo Áurico"). El aura física es prácticamente incolora, o posiblemente de un blanco azulado, similar al color del agua clara, pero tiene una característica peculiar que no poseen las otras manifestaciones del aura. A la vista psíquica, parece estar "vetada" por numerosas líneas finas que se extienden como fibras rígidas desde el cuerpo hacia fuera. En condiciones normales de salud y vitalidad, estas "fibras" sobresalen rígidamente, mientras que en los casos de vitalidad deteriorada o mala salud, se caen como el pelo suave de un animal. En algunos casos, presentan la apariencia de un pelaje erizado, donde los varios "pelos" sobresalen en todas direcciones, enredados, retorcidos y enroscados. Este fenómeno es causado por la corriente de prana energizando el cuerpo en mayor o menor medida. El cuerpo sano tiene el suministro normal de prana, mientras que el cuerpo enfermo o débil sufre de un suministro insuficiente. Esta aura física es visible para muchos que tienen un grado muy limitado de visión psíquica y para quienes las formas superiores del aura son invisibles. Para los psíquicos desarrollados, a veces es difícil distinguirla debido a que está oscurecida por los colores de las formas superiores del aura. Para poder observarla, el psíquico se ve obligado a rechazar las impresiones de las formas superiores del aura y a admitir solo la vibración de la forma particular del aura que desea observar. Las partículas desprendidas del aura física permanecen alrededor del lugar donde ha estado la persona, y un sentido fuertemente desarrollado, presente en los perros y otros animales, les permite rastrear el "olor" de la persona o animal que están siguiendo.

El aura que emana del segundo principio, el cuerpo astral, al igual que el principio mismo, tiene una apariencia y color vaporosos, pareciéndose al vapor justo antes de disolverse y desaparecer de la vista. Es difícil distinguirla cuando está mezclada con las otras formas de aura, pero cuando el cuerpo astral es visto separado del cuerpo físico, su aura puede ser percibida, especialmente si el observador no está abierto a las vibraciones de los principios que envían auras de varios colores. Aquellos de nuestros lectores que hayan visto alguna vez una forma astral, o lo que comúnmente se llama un "fantasma" de alto o bajo grado, probablemente recordarán haber visto un vapor nublado en forma de huevo rodeando la figura más definida de la forma astral. Esta nube tenue, vaporosa y ovalada era el aura astral. Por supuesto, se hace visible para aquel a quien se "materializa" una forma astral.

El aura del tercer principio, o Prana, es difícil de describir, excepto para aquellos que han visto los "rayos X". Se asemeja a una nube vaporosa del color y aspecto de una chispa eléctrica. De hecho, todas las manifestaciones de Prana parecen luz eléctrica o chispas. El Prana tiene un tenue tinte rosado cuando está dentro o cerca del cuerpo, pero pierde este matiz a medida que se aleja unos centímetros. Las personas con vista psíquica ven claramente las partículas de Prana parecidas a chispas que se desprenden de las yemas de los dedos de quienes dan los llamados "tratamientos magnéticos" o hacen pases mesméricos. También puede ser vista por muchas personas que no afirman tener visión psíquica, a quienes les parece como aire caliente que sale de una estufa o de la tierra caliente, es decir, como algo incoloro, pulsante y vibrante. En ocasiones, una persona débil que carece de vitalidad absorbe esta aura pránica de una persona sana y fuerte, sustrayéndola sin su consentimiento para obtener lo que necesita. En casos de este tipo, la persona de la cual se ha absorbido sin su consentimiento experimentará una sensación de languidez y lasitud después de estar en compañía de la persona que ha absorbido una parte de su vitalidad. En el libro "La Ciencia de la Respiración" (Capítulo 15, bajo el título "Formando un Aura") se ha dado un método para hacerse inmune a esta forma de vampirismo, consciente o inconsciente. Aunque este método se da en el libro para otro propósito, es igualmente eficaz en este caso. Un efecto más fuerte puede ser producido por la formación de una imagen mental de una cáscara áurica a través de la cual ninguna fuerza puede escapar o ninguna influencia externa puede entrar sin nuestro consentimiento. De esta manera, uno también puede protegerse contra la infección de fuentes que podrían afectarlo seriamente a menos que esté protegido. El aura pránica también se vierte en pases mesméricos o "tratamientos" psíquicos de los enfermos, pero en tales casos el operador entrenado regula el flujo y se toma la molestia de reponer el suministro de prana dentro de su sistema, lo que generará y emanará un flujo constante de aura pránica. No es necesario insistir en estos puntos, ya que se describen plenamente en "La Ciencia de la Respiración", libro que será visto con una nueva luz por el estudiante que reflexione sobre lo que hemos dicho acerca de esta característica del aura humana. El pequeño libro en cuestión fue escrito para el público en general y, aunque puede brindar muchos beneficios, su verdadero significado solo se vuelve claro para aquellos que lo estudian en profundidad. El libro es sencillo y sin pretensiones, pero contiene muchas cosas ocultas que solo pueden ser descubiertas por aquellos capaces de comprender. Por lo tanto, se recomienda al estudiante que vuelva a leer el libro de vez en cuando y observe cuántas cosas nuevas puede descubrir en él.

Nos aproximamos ahora a los aspectos más interesantes del aura humana, y creemos que algunos de los hechos que presentaremos en esta lección serán una revelación incluso para aquellos que están familiarizados con las tres manifestaciones del aura mencionadas anteriormente. Es posible que algunos duden de las afirmaciones que se harán, pero nos gustaría señalarles que tienen los medios a su disposición para desarrollar y desplegar poderes psíquicos de un grado suficiente para ver estas cosas por sí mismos, al igual que miles de personas lo han hecho antes. Nada de lo que se enseña en lo oculto debe permanecer escondido para aquellos que dudan. Cualquier persona puede adentrarse en el mundo oculto por sí misma, siempre que pague el precio del logro, el cual no es oro ni plata, sino la renuncia al yo inferior y la devoción a lo que es más elevado en el individuo. Es cierto que algunos entran en el mundo psíquico sin haberse preparado ni purificado mediante los métodos adecuados, pero para ellos las facultades adquiridas son una maldición más que una bendición, y se ven obligados a dar marcha atrás con mucho sufrimiento hasta que encuentren la puerta correcta, cuya llave es fácilmente encontrada por todos los que la buscan con el espíritu adecuado.

Retomando el tema de las manifestaciones superiores del aura humana, es importante destacar que el observador psíquico la percibe como una nube luminosa ovalada que se extiende alrededor del cuerpo, abarcando una distancia de sesenta a noventa centímetros en todas las direcciones. Esta aura no termina abruptamente, sino que se disipa gradualmente hasta desaparecer completamente. En realidad, se extiende mucho más allá de su punto visible. Su apariencia es la de una nube luminosa de colores que cambian constantemente, aunque ciertos colores predominan en cada persona, por razones que analizaremos más adelante. Estos colores tienen su origen en los estados mentales de la persona a la que rodea el aura. Cada pensamiento, emoción o sentimiento se manifiesta por un cierto matiz o combinación de colores que pertenecen a ese pensamiento, emoción o sentimiento particular, cuyo color o colores se reflejan en el aura del principio mental específico en el que se origina naturalmente. Por supuesto, estos colores son visibles para el observador que estudia el aura compuesta del pensador. Un psíquico desarrollado puede leer los pensamientos de una persona como si leyera las páginas de un libro abierto, siempre y cuando comprenda el lenguaje de los colores áuricos, algo que todos los ocultistas desarrollados pueden hacer. No obstante, una persona que accidentalmente se tropiece con el mundo psíquico solo verá el reflejo de los maravillosos colores que aparecen en una nube luminosa, sin conocer su significado.

Antes de continuar, creemos que es útil proporcionar una visión general de los colores áuricos y de los pensamientos, sentimientos o emociones a los que corresponden. Estos colores se mezclan y matizan en miles de combinaciones diferentes, pero la siguiente tabla puede dar una idea más clara del tema y ayudar a comprender mejor lo que se explicará más adelante en esta lección.

## Colores Áuricos y sus Significados

El negro representa el odio, la malicia, la venganza y sentimientos similares.

El gris, de un tono brillante, representa el egoísmo.

El gris, de un tono peculiar (generalmente el de un cadáver), representa el miedo y el terror.

El gris oscuro representa la depresión y la melancolía.

El verde, de un tono sucio, representa los celos. Si se mezcla mucha ira con los celos, aparecerá como destellos rojos sobre el fondo verde.

El verde, de un tono casi ceniciento, representa el engaño bajo.

El verde, de un tono brillante peculiar, representa la tolerancia a las opiniones y a las creencias de los demás, la adaptabilidad, la diplomacia, la cortesía, la sabiduría mundana, etc., y cualidades que algunos podrían considerar "embaucamiento refinado".

El rojo, de un tono que se asemeja a la llama tenue cuando estalla de un edificio en llamas, mezclado con humo, representa la sensualidad y las pasiones animales.

El rojo, visto en forma de destellos rojos brillantes parecidos al fulgor de un relámpago, indica ira. Estos suelen mostrarse sobre un fondo negro en el caso de la ira que surge del odio o la malicia, pero en los casos de ira que surgen de los celos, aparecen sobre un fondo verdoso. La ira que surge de la indignación o la defensa de un supuesto "derecho" carece de estos fondos y generalmente se muestra como destellos rojos independientes de un fondo.

El carmesí representa el amor, variando en tono según el carácter de la pasión. Un amor sensual y burdo será de un carmesí opaco y pesado, mientras que uno mezclado con sentimientos más elevados aparecerá en tonos más claros y agradables. Una forma muy elevada de amor muestra un color que se acerca casi a un hermoso color rosa.

El marrón, con un tono rojizo, representa la avaricia y la codicia.

El naranja, de un tono brillante, representa el orgullo y la ambición.

El amarillo, en sus diversas tonalidades, representa el poder intelectual. Si el intelecto se contenta con cosas de un orden inferior, la tonalidad es un amarillo oscuro y opaco; y a medida que el campo del intelecto se eleva a niveles más elevados, el color se vuelve más brillante y claro, un hermoso amarillo dorado que indica un gran logro intelectual, un razonamiento amplio y brillante.

El azul, de tonalidad oscura, representa el pensamiento, la emoción y el sentimiento religiosos; sin embargo, su color varía en claridad según el grado de altruismo manifestado en la concepción religiosa. Las tonalidades y los grados de claridad varían desde un índigo apagado hasta un hermoso violeta intenso, representando este último el sentimiento religioso más elevado.

El azul claro, de una tonalidad peculiarmente cálida y luminosa, representa la espiritualidad. Algunos de los más altos grados de espiritualidad observados en la humanidad común se muestran en este tono de azul lleno de puntos luminosos brillantes, centelleando y parpadeando como estrellas en una hermosa noche de invierno.

El estudiante recordará que estos colores forman infinitas combinaciones y mezclas, y se muestran en grados muy variables de brillo y tamaño, todos los cuales tienen significados para el ocultista desarrollado.

Además de los colores mencionados anteriormente, hay otros para los cuales no tenemos nombres, ya que se encuentran fuera del espectro de los colores visibles. La ciencia no los ha nombrado porque no puede percibirlos, pero se sabe teóricamente que existen. Por ejemplo, la ciencia ha demostrado que existen los llamados rayos "ultravioleta" y "ultrarrojo", cuyas vibraciones están más allá de nuestros sentidos y no pueden ser detectados. Sin embargo, estos dos colores "ultra" (y otros desconocidos para la ciencia) son conocidos por los ocultistas y pueden ser vistos por personas con cierto grado de poder psíquico. Para comprender mejor esta afirmación, es importante destacar que cuando se visualiza cualquiera de estos colores "ultra" en el aura humana, se puede interpretar como un indicador del grado de desarrollo psíquico. Otro hecho notable para aquellos que no han reflexionado sobre el asunto es que el color "ultravioleta" en el aura indica un alto grado de desarrollo psíquico utilizado de manera elevada y desinteresada, mientras que el color "ultrarrojo" indica que la persona tiene desarrollo psíquico, pero lo está utilizando con fines egoístas e indignos: magia negra, de hecho. Los rayos "ultravioleta" están ubicados en un extremo del espectro visible conocido por la ciencia, mientras que los rayos "ultrarrojos" están en el otro extremo. Las vibraciones del primero son demasiado altas para ser percibidas por el ojo humano común, mientras que el segundo consiste en vibraciones muy bajas. La verdadera diferencia entre estas dos formas de poder psíquico es tan grande como indican las respectivas posiciones de estos dos colores "ultra". Además de los dos colores "ultra" que acabamos de mencionar, hay otro que es invisible para la vista común: el verdadero amarillo primario, que indica la iluminación espiritual y se visualiza débilmente alrededor de la cabeza de los espiritualmente grandes. El color que se enseña como característico del séptimo principio, el Espíritu, se dice que es de luz blanca, pura, de un brillo peculiar, que nunca ha sido visto por los ojos humanos. De hecho, la misma existencia de una "luz blanca" absoluta es negada por la ciencia occidental.

El aura que emana de la Mente Instintiva está compuesta principalmente por tonos apagados y pesados. Durante el sueño, cuando la mente está tranquila, se manifiesta principalmente un tono rojo apagado que indica que la Mente Instintiva está llevando a cabo únicamente las funciones animales del cuerpo. Este matiz siempre está presente, pero durante las horas de vigilia a menudo es eclipsado por los tonos más brillantes de pensamientos, emociones o sentimientos pasajeros.

En este punto, es bueno mencionar que incluso cuando la mente está tranquila flotan en el aura los matices que indican las tendencias predominantes del individuo, permitiendo distinguir fácilmente su grado de avance y desarrollo, así como sus tendencias y otros rasgos de su personalidad. Cuando la mente es arrastrada por una fuerte pasión o emoción, toda el aura parece colorearse por el tono particular correspondiente. Por ejemplo, un arrebato violento de ira hace que toda el aura muestre destellos rojos brillantes sobre un fondo negro, eclipsando prácticamente todos los demás colores. Este estado puede durar más o menos tiempo, dependiendo de la intensidad de la emoción. Si la gente pudiera ver el aura humana en este estado, se horrorizarían ante la espantosa visión, que se asemeja a las llamas y el humo del "infierno" al que se hace referencia en ciertas iglesias ortodoxas, y, de hecho, la mente humana en tal estado se convierte temporalmente en un verdadero infierno. Una fuerte oleada de amor que inunde la mente hace que toda el aura muestre un tono carmesí, cuyo matiz dependerá del tipo de amor experimentado. De manera similar, una oleada de sentimiento religioso otorgará a todo el aura un tinte azul, como se explica en la tabla de colores. En resumen, una fuerte emoción, sentimiento o pasión hace que toda el aura adopte su color mientras dure el sentimiento. Se puede observar que hay dos aspectos en la característica de los colores del aura: el primero depende de los pensamientos predominantes que se manifiestan habitualmente en la mente de la persona; el segundo depende de la emoción, sentimiento o pasión particular (si la hay) que se está manifestando en ese momento concreto. El color pasajero desaparece cuando el sentimiento se desvanece, aunque una emoción, pasión o sentimiento manifestado repetidamente se muestra con el tiempo en el color habitual del aura. Los colores habituales indican el "carácter general" de la persona; los colores pasajeros muestran qué sentimiento, emoción o pasión (si la hay) lo está dominando en ese momento.

El estudiante que haya leído las lecciones precedentes se dará cuenta fácilmente de que a medida que la persona se desarrolla y se desenvuelve, es cada vez menos presa de pasiones, emociones o sentimientos pasajeros que emanan de la Mente Instintiva. Además, el Intelecto y, posteriormente, la Mente Espiritual, se manifiestan en lugar de permanecer latentes e inactivos. Si se recuerda esto, se podrá observar fácilmente la gran diferencia que existe entre el aura de una persona no desarrollada y la de una persona desarrollada. La primera es una masa de colores apagados, pesados y burdos, inundada frecuentemente por el color de alguna emoción, sentimiento o pasión pasajera. La otra muestra colores superiores y es mucho más clara, ya que se ve muy poco perturbada por los sentimientos, emociones y pasiones. Todos estos últimos han sido en gran medida controlados por la voluntad.

La persona que tiene un intelecto bien desarrollado muestra un aura inundada de un hermoso color amarillo dorado que denota intelectualidad. Este color es particularmente evidente en la parte superior del aura que rodea la cabeza y los hombros de la persona, mientras que los colores más animales se sumergen en la parte inferior del aura. Se recomienda leer las observaciones sobre el "Amarillo" en la tabla de colores de esta lección para obtener más información al respecto. Cuando el intelecto de la persona ha absorbido la idea de la espiritualidad y se dedica a la adquisición del poder espiritual, a su desarrollo y despliegue, este amarillo mostrará en sus bordes un azul claro de una tonalidad peculiarmente clara y luminosa. Este peculiar azul claro es indicativo de lo que generalmente se llama "espiritualidad", pero que en realidad es "intelectualidad espiritual", si me permiten el uso de este término un tanto paradójico. No es lo mismo que la Mente Espiritual, sino simplemente un intelecto impregnado por la Mente Espiritual, para usar otro término poco preciso. En algunos casos de elevado desarrollo de este estado intelectual, el azul claro luminoso se muestra como una amplia franja alrededor del amarillo dorado del intelecto, siendo a menudo la franja o borde más grande que el propio centro. Además, en casos especiales, el azul claro está lleno de brillantes puntos luminosos, centelleantes y parpadeantes, como estrellas en una clara noche de invierno. Estos puntos brillantes indican que el color del aura de la Mente Espiritual se está afirmando y muestran que la Conciencia Espiritual se ha hecho momentáneamente evidente para el hombre o la mujer, o que está a punto de hacerlo en un futuro próximo. Este es un punto sobre el cual ha surgido mucha confusión en la mente de los estudiantes e incluso de los maestros de ocultismo. El siguiente párrafo también tratará este asunto.

El aura que emana de la Mente Espiritual, o sexto principio, lleva el color del verdadero amarillo primario, que es invisible a la vista común y que no puede ser reproducido artificialmente por el ser humano. Se centra alrededor de la cabeza del iluminado espiritualmente, y a veces produce un resplandor peculiar que puede ser visto incluso por personas no desarrolladas. Esto es particularmente cierto cuando la persona espiritualmente desarrollada está comprometida en un discurso serio o enseñando. En esos momentos, su semblante parece brillar y poseer una luminosidad de un tipo peculiar. El nimbo que aparece en las imágenes de los grandes líderes espirituales de la raza es el resultado de una tradición derivada de un hecho realmente experimentado por los primeros seguidores de tales líderes. La "aureola" o "gloria" que aparece en las imágenes se debe al mismo hecho. Cuando volvamos a contemplar el maravilloso cuadro de Hoffman, "Getsemaní", experimentaremos una nueva comprensión del resplandor místico que rodea la cabeza del gran Maestro espiritual, cuyas profundas y verdaderas enseñanzas han quedado oscurecidas en la mente de muchos de los que reclaman su nombre. Esto se debe a la ignorancia de las generaciones de maestros que han vivido desde su muerte. Sin embargo, sus enseñanzas son una verdad viva para los ocultistas de todas las razas, tierras y aparentes diferencias de creencia.

Respecto al aura del séptimo principio, el Espíritu, poco podemos decir, y ese poco nos ha sido transmitido por la tradición. Se nos dice que consiste en una luz "blanca pura", algo desconocido para la ciencia. Ninguna persona entre nosotros ha visto jamás esta luz, y ninguno de nosotros la verá jamás en esta etapa de desarrollo. La visión de esta maravillosa refulgencia está reservada a seres mucho más elevados en la escala que nosotros, pero que una vez fueron mortales como nosotros, y como los que nosotros seremos a su debido tiempo. "Somos Hijos de Dios, y aún no se ha manifestado lo que habremos de ser". Estamos en el Camino y los que nos precedieron nos envían mensajes alentadores. Después de largos siglos, volvemos a casa.

# DINÁMICA DEL PENSAMIENTO

Si estas lecciones se hubieran escrito hace veinte años, en lugar de hoy, habría sido una tarea muy difícil despertar la comprensión del público occidental sobre la importancia del poder del pensamiento, su naturaleza y sus efectos. Hace veinte años, muy pocas personas en el mundo occidental sabían algo sobre este tema. Fuera de unos pocos ocultistas, las palabras del maestro habrían sido consideradas como las expresiones más descabelladas. Sin embargo, durante el tiempo mencionado, el mundo occidental ha sido educado lentamente para comprender, al menos de forma parcial, el poder del pensamiento. Los ecos de las grandes enseñanzas orientales sobre este tema han llegado a los oídos de casi todas las personas pensantes del mundo occidental, especialmente en Gran Bretaña y América.

Este despertar está de acuerdo con las leyes naturales y forma parte de la evolución de la raza. Es cierto que gran parte de la enseñanza ha provenido de personas que solo han tenido un despertar parcial a la verdad. Por consiguiente, las enseñanzas han sido más o menos superficiales e imperfectas, y han estado coloreadas por las teorías y especulaciones personales de los diversos maestros que han escrito y hablado sobre el tema. El estudiante occidental promedio, que se ha interesado por los diversos movimientos que pueden agruparse de manera aproximada bajo el nombre de "Nuevo Pensamiento", se ha sentido más o menos confundido por las teorías y enseñanzas aparentemente contradictorias que han resultado de las diversas especulaciones y teorías de los numerosos maestros que han surgido, han crecido y, en muchos casos, se han "marchitado". Sin embargo, un análisis cuidadoso mostrará que bajo todas las enseñanzas hay ciertos hechos fundamentales que la mente despierta capta como verdad. Todos estos maestros han hecho un buen trabajo y, de hecho, las enseñanzas de cada uno de ellos han llegado a ciertas mentes que necesitaban la enseñanza particular impartida por el maestro en particular. Considerando la etapa de desarrollo del estudiante, la enseñanza era la mejor posible. Muchos estudiantes han obtenido mucho beneficio de ciertos maestros, y luego han crecido más allá del maestro y su enseñanza. A su vez, se han convertido en maestros ellos mismos, dando a otros la verdad tal como les llegó, más o menos coloreada por su propia personalidad.

El estudiante cuidadoso que se haya tomado la molestia de analizar hasta sus principios fundamentales las enseñanzas de estas nuevas escuelas de pensamiento, habrá descubierto que todas ellas descansan sobre las enseñanzas orientales que se remontan más allá de la historia escrita, y que han sido propiedad común de ocultistas de todas las épocas y razas. En realidad, este "Nuevo Pensamiento" es el pensamiento más antiguo, pero su presentación moderna es algo nuevo para quienes lo escuchan hoy en día, y el nuevo movimiento tiene derecho a todo el crédito por su trabajo. El ocultista avanzado sabe que la verdad fundamental que yace debajo de todas estas teorías conflictivas será gradualmente descubierta y sacada a la luz, dejando de lado las especulaciones y teorías de los diversos maestros.

La mayoría de los que lean esta lección habrán oído hablar del poder del pensamiento y es muy probable que hayan tenido muchas experiencias de su efecto en sus vidas. Por lo tanto, esta lección puede parecer una historia antigua para casi todos los miembros de la clase. Sin embargo, nos esforzaremos por dar un breve y claro esbozo de las enseñanzas yoguis sobre el tema, lo cual puede ayudar a conciliar algunas de las teorías aparentemente contradictorias que se han considerado anteriormente.

No trataremos de explicar lo que es el pensamiento, es un tema demasiado complicado para lecciones elementales. Pero comenzaremos explicando algunas de sus propiedades, leyes y efectos. Por el momento, evitaremos la teoría y pasaremos al aspecto práctico del asunto.

Recordarás lo que dijimos en nuestra última lección sobre el Aura. Explicamos que el Aura es proyectada en el espacio por los diversos principios del ser humano, de manera similar a como la luz del sol, el calor de una estufa o el olor de una flor emiten vibraciones que percibimos como luz, calor u olor, respectivamente. En cierto sentido, estas emanaciones son partículas diminutas de la cosa que las emite. Además, debemos recordar que la cosa que emite las vibraciones puede retirarse, pero las emanaciones permanecen durante más o menos tiempo. Por ejemplo, la astronomía nos enseña que una estrella lejana puede ser destruida y, sin embargo, los rayos de luz que emitió continuarán su viaje y pueden ser vistos por nosotros desde la Tierra muchos años después de que la propia estrella haya sido destruida. De hecho, lo que realmente vemos en cualquier momento son los rayos de la estrella que la abandonaron muchos años antes. El tiempo que tardan en llegar a la Tierra depende, por supuesto, de la distancia de la estrella a la Tierra. Del mismo modo, se puede apagar el fuego en una estufa, pero el calor seguirá presente en la habitación durante un largo tiempo después. Asimismo, una pequeña partícula de almizcle puede ser expuesta en una habitación y luego retirada y, sin embargo, el olor seguirá siendo perceptible por mucho tiempo. De manera similar, pueden existir pensamientos activos que han sido emitidos años antes por alguna persona, cuyo carácter mental completo puede haber cambiado o que, de hecho, puede haber dejado el cuerpo hace mucho tiempo. Los lugares y las localidades a menudo están impregnados por el pensamiento de personas que vivieron allí anteriormente, que se mudaron o murieron hace muchos años.

La mente está continuamente emitiendo emanaciones, las cuales pueden ser vistas como el aura, extendiéndose unos pocos metros de la persona, y que generalmente se hace más delgada y menos fácilmente perceptible a medida que se aleja del emisor. Estamos constantemente emitiendo ondas de pensamiento (para usar un término favorito), y estas ondas, después de que la fuerza inicial de la proyección se ha agotado, flotan como nubes, mezclándose con otras ondas de pensamiento de la misma naturaleza, y a menudo se extienden hacia partes muy lejanas de la tierra. Algunas de las emanaciones de pensamiento permanecen alrededor del lugar desde el cual fueron emitidas, y a menos que sean alteradas por fuertes pensamientos de una naturaleza opuesta, permanecerán solo ligeramente cambiadas durante muchos años. Otros pensamientos enviados con un propósito definido o bajo un fuerte deseo, emoción o pasión, irán rápidamente hacia el objeto al que están dirigidos. Veremos ejemplos de esto a medida que avancemos en esta lección.

La mayoría de las personas ponen muy poca fuerza en sus pensamientos; de hecho, para ellas, pensar se convierte en un proceso casi mecánico, y consecuentemente sus ondas de pensamiento tienen muy poco movimiento impartido a ellas y no viajan muy lejos, a menos que sean atraídas por otra persona de pensamiento similar que las atrae hacia sí misma. (Estamos simplemente estableciendo principios generales a medida que avanzamos, repitiéndolos cuando sea necesario, para que el estudiante los absorba gradualmente. Consideramos que este método conversacional es la forma más efectiva de enseñanza, mucho más que la forma convencional y estructurada).

Deseamos que el estudiante comprenda especialmente que cuando decimos "Los pensamientos son cosas", no estamos utilizando las palabras en sentido figurado o de manera fantasiosa, sino que estamos expresando una verdad literal. Queremos decir que el pensamiento es tanto una "cosa" como la luz, el calor, la electricidad u otras formas similares de manifestación. El pensamiento puede ser visto por la visión psíquica; puede ser sentido por el sensitivo y, si existieran los instrumentos adecuados, podría ser pesado. Después de ser emitido, el pensamiento tiene una apariencia nubosa, llevando el color que le corresponde, como se describe en nuestra lección sobre el aura. Es como un vapor fino (el grado de densidad varía), y es tan real como el aire que nos rodea o el vapor de agua o los numerosos gases con los que estamos familiarizados. Y tiene poder, al igual que todas estas formas de vapor que acabamos de mencionar.

Cuando un pensamiento se emite con fuerza, suele llevar consigo una cierta cantidad de Prana, que le otorga poder y fuerza adicionales, y a menudo produce efectos sorprendentes. El prana prácticamente lo "vitaliza" en algunos casos y lo convierte casi en una fuerza viviente. Hablaremos más sobre este punto en detalle más adelante.

Entonces, amigos y estudiantes, recuerden siempre que cuando decimos que los pensamientos son cosas reales, lo decimos en serio. Puede ser necesario que fijen este hecho en su mente imaginando que la mente está emitiendo emanaciones de pensamiento. Algunos encuentran fácil imaginar la idea como si la mente estuviera emitiendo ondas de luz. Otros prefieren la ilustración de la emisión de calor de una estufa. Otros encuentran más fácil pensar en una flor emitiendo un perfume fuerte. Un estudiante (ahora muy avanzado) prefería pensar en las emanaciones de pensamiento como algo similar al vapor que sale de una tetera hirviendo. Elijan o inventen sus propias ilustraciones, pero asegúrense de fijar la idea en sus mentes de alguna manera. Es mucho más fácil trabajar estas cosas mediante una ilustración material que intentar llevar una idea abstracta en la mente.

Si bien, por regla general, el poder de un pensamiento de cierto tipo depende de la fuerza con la que ha sido proyectado, existe otro elemento de fuerza que permite que los pensamientos manifiesten poder. Nos referimos a la tendencia del pensamiento a atraer hacia sí otros pensamientos de naturaleza similar y así combinar fuerzas. Los pensamientos no solo tienden a atraer pensamientos correspondientes desde la atmósfera de pensamiento dentro del campo de atracción del pensador, sino que también tienen una tendencia natural a agruparse, a unirse, a mezclarse. La atmósfera de pensamiento promedio de una comunidad es el conjunto de los pensamientos de las personas que la componen. Los lugares, al igual que las personas, tienen sus peculiaridades, sus características, sus puntos fuertes y débiles, su atmósfera predominante. Este hecho es evidente para aquellos que han reflexionado sobre este tema pero, por lo general, se descarta sin ningún intento de explicación. Sin embargo, es importante tener en cuenta que el lugar en sí no es una entidad y que sus características no son inherentes a él, sino que deben tener alguna causa u origen. Los ocultistas saben que la atmósfera de pensamiento de un pueblo, ciudad o nación es el pensamiento compuesto de aquellos que habitan allí o han habitado anteriormente. Los extranjeros que llegan a la comunidad sienten la atmósfera diferente a su alrededor, y a menos que esté en armonía con su propio carácter mental, se sienten incómodos y desean abandonar el lugar. Si alguien permanece mucho tiempo en un lugar sin comprender las leyes que operan en el mundo del pensamiento, es muy probable que se vea influenciado por la atmósfera de pensamiento predominante y, a pesar de sí mismo, comience a manifestar cambios en su comportamiento, hundiéndose o elevándose al nivel del pensamiento predominante.

En los países más antiguos, las características de las ciudades principales de la nación se han vuelto más o menos similares, aunque pueden existir muchas diferencias que el extranjero siente de inmediato cuando las visita. Sin embargo, en Estados Unidos, donde el país es más extenso y más nuevo, las diferencias entre las localidades son más marcadas. Esto es cierto no solo en diferentes estados del país, sino también en ciudades cercanas entre sí. Si un extranjero reflexivo visita sucesivamente las principales ciudades de los Estados Unidos, quedará impresionado por el espíritu de cada lugar, cada uno con su propia personalidad y características, resultado de ciertas líneas de pensamiento por parte de los primeros pobladores del lugar, lo que a su vez afectó a los recién llegados, quienes agregaron sus emanaciones de pensamiento a la atmósfera del lugar, y así sucesivamente, de tiempo en tiempo, hasta que las diversas ciudades se han distanciado en sus características más de lo que lo han hecho muchas nacionalidades diferentes. Si el extranjero visita sucesivamente Boston, Nueva York, Filadelfia, Chicago, Denver y San Francisco, notará grandes diferencias en las características de cada lugar. Esta diferencia no se nota tanto cuando se habla con ciudadanos individuales, pero es muy notable cuando se abre al "espíritu del lugar". Con frecuencia, la gente se refiere a estas características como "el aire" del lugar, y la verdadera explicación se ha dado anteriormente: es la atmósfera de pensamiento de la ciudad. Estas características pueden ser modificadas o incluso cambiadas en gran medida por un nuevo grupo de personas que se establecen en una ciudad. Unos pocos pensadores enérgicos emitirán fuertes ondas de pensamiento en su vida cotidiana, que pronto colorearán el pensamiento compuesto del lugar. El pensamiento de un pensador fuerte superará al pensamiento débil y sin propósito de muchas personas que emiten solo pensamientos negativos. Lo positivo es un antídoto seguro para lo negativo. De la misma manera, el "espíritu" de la nación es un compuesto del "espíritu" de sus diversas partes. Si uno se traslada a una ciudad en la que se manifiesta una mayor energía, pronto siente el efecto del pensamiento positivo a su alrededor, lo que despierta pensamientos similares en su interior. Si uno se traslada a una comunidad somnolienta y "muerta", sus actividades se irán apagando y gradualmente se hundirá al nivel de la ciudad. Por supuesto, la persona que ha construido una individualidad fuerte y positiva no se verá afectada tan fácilmente como la de características opuestas, e incluso puede actuar como levadura para la masa; pero en general, la persona promedio está muy influenciada por la atmósfera de pensamiento compuesta de la localidad en la que pasa la mayor parte de su tiempo.

Del mismo modo, las viviendas, los lugares de negocios, los edificios, etc., adoptan el pensamiento predominante de quienes los habitan o han habitado en ellos. Algunos lugares son notoriamente "desafortunados" y, aunque esta condición puede ser revertida por una persona con una voluntad fuerte, la persona promedio se ve afectada por ello. Algunas casas llevan consigo una atmósfera luminosa, de armonía y buen humor, mientras que otras son frías y repelentes. Un lugar de negocios es muy apto para reflejar el pensamiento prevaleciente de aquellos que están a la cabeza de la empresa o de aquellos que dirigen sus asuntos. Ciertas tiendas inspiran confianza a sus clientes, mientras que otras hacen que uno mantenga el bolsillo apretado y vigile de cerca a los dependientes.

Los lugares donde se han cometido crímenes suelen llevar consigo una atmósfera desagradable, originada por los fuertes pensamientos emitidos por quienes participan en el suceso, tanto el criminal como la víctima. La atmósfera de una prisión es horripilante para los sensitivos. La atmósfera de un lugar de vicio o escena de bajos placeres animales es sofocante para alguien de rasgos mentales superiores. La atmósfera de un hospital puede influir en quienes lo visitan. La atmósfera de una iglesia antigua es apta para producir en la mente del visitante un sentimiento de quietud y calma. Es importante señalar que estas son generalidades y que hay muchas influencias que pueden modificar o cambiar estas tendencias.

Por otra parte, esto también se aplica a los individuos. Algunos irradian una atmósfera de alegría, brillo y coraje, mientras que otros traen una sensación de desarmonía, desconfianza e inquietud a cualquier habitación en la que entren. Muchos actúan como "aguafiestas" y como inhibidores del entusiasmo y de la libre expresión. Se podrían citar cientos de ejemplos que ilustran este hecho, pero el estudiante puede encontrarlos por sí mismo a través de su propia experiencia y observación.

Las diversas ondas de pensamiento emitidas por las personas tienen la capacidad de atraer y ser atraídas por pensamientos de carácter similar. Forman estratos de pensamientos en el espacio astral, similar a la formación de nubes en la atmósfera. Sin embargo, esto no significa que cada estrato de pensamiento ocupe una determinada porción de espacio, excluyendo todas las demás nubes de pensamiento. Por el contrario, estas partículas de pensamiento que forman las nubes tienen diferentes grados de vibración, lo que permite que pensamientos de mil clases diferentes coexistan en el mismo espacio, pasando libremente y entrelazándose, sin interferir entre sí, sin fusionarse, a menos que sean pensamientos de carácter similar, aunque en algunos casos se pueden formar combinaciones temporales. No podemos entrar en detalles al respecto en esta lección, y solo deseamos dar al estudiante una idea general del tema, la cual puede ir profundizando con el tiempo.

Cada persona atrae hacia sí los pensamientos que corresponden a los producidos por su propia mente y, a su vez, es influenciada por estos pensamientos atraídos. Es como echar leña al fuego. Si alguien alberga pensamientos de malicia u odio durante un tiempo, quedará horrorizado por la inundación de pensamientos viles que llegan a su mente. Cuanto más persista en ese estado mental, peor será la situación para él. Se está convirtiendo en un centro de pensamientos de ese tipo. Si mantiene este estado hasta que se vuelva habitual para él, atraerá hacia sí circunstancias y condiciones que le permitirán manifestar estos pensamientos en acción. Un estado mental no solo atrae pensamientos similares, sino que también conduce al pensador a circunstancias y condiciones que le permiten hacer uso de estos pensamientos e inclinaciones que ha estado albergando. Si la mente se enfoca en las pasiones animales, toda la naturaleza parecerá conspirar para llevarlo a una posición en la que estas pasiones puedan ser satisfechas.

Por otro lado, si alguien cultiva el hábito de tener pensamientos más elevados y positivos, con el tiempo será atraído hacia condiciones que estén en sintonía con ese hábito de pensamiento, y también atraerá hacia sí otros pensamientos similares que se unirán fácilmente con los suyos. No solo eso, sino que cada persona atraerá a sí misma a otras personas con pensamientos similares y, a su vez, será atraída por ellas. En realidad, creamos nuestro propio entorno y compañía con los pensamientos que hemos tenido ayer y los que tenemos hoy. Los pensamientos de ayer pueden seguir influyéndonos en mayor o menor medida, pero los pensamientos de hoy gradualmente reemplazarán y expulsarán aquellos pensamientos desechados del pasado, si nosotros queremos que así sea.

Hemos dicho que el pensamiento cargado de Prana manifiesta una fuerza mucho mayor que el pensamiento corriente. De hecho, todo pensamiento positivo se emite cargado de Prana, en mayor o menor medida. Una persona de voluntad fuerte que envía un pensamiento positivo, vigoroso, inconscientemente —o conscientemente si entiende el tema— envía con él un suministro de Prana proporcional a la fuerza con la que fue impulsado el pensamiento. Estos pensamientos a menudo se envían como una bala al blanco, en lugar de desplazarse lentamente como una simple emanación de pensamiento. Algunos oradores públicos han adquirido este arte, y uno puede sentir claramente el impacto del pensamiento detrás de sus palabras. Un pensador fuerte y vigoroso, cuyo pensamiento está cargado fuertemente con Prana, a menudo crea lo que se conoce como Formas Pensamiento, es decir, pensamientos que poseen tal vitalidad que se convierten casi en fuerzas vivas. Cuando tales formas de pensamiento entran en la atmósfera psíquica de alguien, poseen casi el mismo poder que la persona que las envía tendría si estuviera presente, instando su pensamiento sobre ti en una conversación seria. Aquellos que tienen un alto desarrollo oculto a menudo envían formas de pensamiento para ayudar a sus semejantes cuando están en angustia o necesidad, y muchos de nosotros hemos experimentado el efecto de pensamientos útiles enviados de esta manera, sin saber cuál fue la causa del cambio de sentimiento que nos sobrevino, trayendo consigo la conciencia de renovada fuerza y coraje.

Aunque las formas de pensamiento a menudo son enviadas inconscientemente por personas con deseos y objetivos egoístas, y muchos son afectados por ellas, queremos decir que no hay necesidad de temer que alguien sea afectado contra su propio bien, si mantiene una atmósfera mental de amor y confianza. Estas dos condiciones pueden repeler la onda de pensamiento más fuerte que se dirija contra alguien o que se encuentre en la atmósfera astral. Cuanto más elevado es el orden del pensamiento, más fuerte es. Y la persona más débil, siempre y cuando tenga una mente llena de amor universal y confianza en el Poder Único, es muchas veces más fuerte que aquella con el poder más fuerte que se rebajaría a utilizar ese poder para fines egoístas. Los poderes más elevados de este tipo solo pueden ser poseídos por aquellos de gran desarrollo espiritual, que hace mucho tiempo dejaron atrás los bajos objetivos y ambiciones del ser no desarrollado. Estas personas emiten constantemente ondas de pensamiento de fuerza y ayuda, las cuales pueden ser aprovechadas por aquellos que necesitan esa ayuda. Si uno desea recibir esta ayuda, solo tiene que hacer una demanda mental y de inmediato atraerá hacia sí las ondas del pensamiento espiritual fuerte y útil que son constantemente emanadas de las mentes de los ayudantes de la raza, tanto en la carne como fuera de ella. Si la raza estuviera a merced de los pensamientos egoístas, habría perecido hace mucho tiempo, pero las cosas están ordenadas de otra manera.

En el mundo de las formas de pensamiento, las únicas cosas que debemos temer son aquellas que corresponden a nuestros propios pensamientos bajos. Por ejemplo, si tenemos pensamientos bajos y egoístas, estamos expuestos a formas de pensamiento de carácter similar que pueden estar acechando en la atmósfera psíquica y que pueden apoderarse de nuestra mente, impulsándonos a hacer cosas que en un principio hubiéramos evitado. Tenemos derecho a invitar a los huéspedes mentales que deseemos, pero tengamos cuidado a quiénes les extendemos la invitación.

Nuestros fuertes deseos crean formas de pensamiento que trabajan hacia la gratificación de esos deseos, ya sean buenos o malos. Atraemos cosas hacia nosotros y somos atraídos hacia cosas por estas formas de pensamiento. Se convierten en poderosos ayudantes, y nunca duermen en su trabajo. Tengamos cuidado de cómo los enviamos. No envíes ningún deseo-pensamiento fuerte a menos que tenga la aprobación del Ser Superior. De lo contrario, te verás envuelto en las consecuencias que surjan de él, y sufrirás mucho al aprender la lección de que los poderes psíquicos no deben ser utilizados para fines indignos. Eres castigado a consecuencia de tales cosas. Sobre todo, nunca, bajo ninguna circunstancia, envíes un fuerte deseo- pensamiento para dañar a otro, ya que hay una sola consecuencia de tal acto y la experiencia probará ser una amarga lección. La persona que tiene esos pensamientos suele ser atrapada por la trampa que había construido para otros. Un pensamiento malvado proyectado contra una mente pura rebotará de inmediato en el remitente, y cobrará fuerza por el impacto.

Debemos disculparnos con nuestros estudiantes por hacer tanto hincapié en estos temas, pero como siempre existe la posibilidad de que lecciones de este tipo caigan en manos de personas que no están preparadas para recibirlas, es necesario que la advertencia acompañe a todo lo que se escriba sobre el tema, a fin de evitar que personas imprudentes utilicen la información de manera inapropiada y se perjudiquen a sí mismas y a los demás. Es la señal de "Peligro" para los descuidados o imprudentes.

Aquellos que han estudiado la dinámica del pensamiento son conscientes de las maravillosas posibilidades que se abren para quienes deseen aprovechar el pensamiento almacenado que ha emanado de las mentes de los pensadores del pasado y del presente, y que está abierto a la demanda y la atracción de quien desee utilizarlo y sepa cómo aprovecharlo.

Se ha escrito muy poco sobre esta fase del tema, lo cual resulta sorprendente si se tienen en cuenta las maravillosas posibilidades que se abren a quienes desean aprovecharlas. Se han enviado muchos pensamientos sobre todos los temas, y la persona que trabaja en cualquier línea hoy en día puede atraer hacia sí los pensamientos más útiles relacionados con su tema favorito. De hecho, algunas de las mayores invenciones y planes más maravillosos han llegado a algunas de las grandes mentes del mundo de esta manera. Sin embargo, aquellos que los reciben a menudo no se dan cuenta de dónde se originó la información. Muchas personas han estado pensando intensamente sobre un tema determinado, y se han abierto a las influencias del pensamiento exterior que se han precipitado hacia su mente receptiva, y ¡he aquí!, el plan deseado, el eslabón perdido, ha llegado al campo de la conciencia.

El pensamiento no expresado, que originalmente fue enviado con una gran fuerza de deseo, busca constantemente su expresión y salida, y puede ser fácilmente atraído hacia la mente de alguien que lo exprese en acción. Por ejemplo, si un pensador ingenioso desarrolla ideas que no tiene la energía o la capacidad de expresar en acción, los fuertes pensamientos que lanza sobre el tema buscarán durante años otras mentes como canal de expresión. Cuando tales pensamientos son finalmente atraídos por una persona de suficiente energía para manifestarlos, se derramarán en su mente como un torrente al punto que parecerá estar inspirado.

Si alguien está trabajando en algún problema que le desconcierta, es recomendable que asuma una actitud receptiva hacia los pensamientos en la misma línea. Es muy probable que, cuando casi haya dejado de pensar en el asunto, la solución se presente ante él como por arte de magia. Algunos de los más grandes pensadores, escritores, oradores e inventores del mundo han experimentado ejemplos de esta ley del mundo del pensamiento, aunque pocos de ellos se han dado cuenta de la causa que hay detrás de ella. El mundo astral está lleno de excelentes pensamientos no expresados que esperan por quien los exprese y los utilice. Esta es una gran verdad que debemos tener en cuenta: que la utilicen aquellos que estén preparados para ello.

Del mismo modo, podemos atraer hacia nosotros pensamientos fuertes y útiles que nos ayuden a superar los momentos de depresión y desánimo. Existe una inmensa cantidad de energía almacenada en el mundo del pensamiento, y cualquiera puede atraer hacia sí lo que necesite. Se trata simplemente de pedir lo tuyo. El pensamiento acumulado del mundo es tuyo, ¿por qué no lo tomas?

# TELEPATÍA Y CLARIVIDENCIA

En términos generales, podemos definir la telepatía como la comunicación entre dos mentes utilizando medios que van más allá de los cinco sentidos convencionales del ser humano: la vista, el oído, el olfato, el gusto y el tacto —siendo la vista, el oído y el tacto los sentidos más comúnmente utilizados. Según la ciencia material, si dos mentes estuvieran situadas más allá de la posibilidad de la comunicación ordinaria de los sentidos, no podría haber comunicación. Y, si hubiera comunicación en tales circunstancias, se podría inferir razonablemente que el ser humano posee otros sentidos, además de los cinco que le han sido asignados o reconocidos, por la ciencia material.

Sin embargo, los ocultistas saben que el ser humano posee otros sentidos y facultades que no son considerados por la ciencia material. Sin profundizar demasiado en este tema y limitándonos a los propósitos de esta lección, podemos decir que además de los cinco sentidos físicos, tiene cinco sentidos astrales (contrapartes de los sentidos físicos) que operan en el plano astral. A través de ellos, puede ver, oír, gustar, oler e incluso sentir, sin el uso de los órganos físicos normalmente asociados con el uso de estos sentidos. Además, tiene un sexto sentido físico especial (para el cual no hay un término en inglés, o español), mediante el cual se vuelve consciente de los pensamientos que emanan de las mentes de los demás, incluso si esas mentes están muy alejadas en el espacio.

Existe un gran punto de diferencia entre este sexto sentido físico especial y los cinco sentidos astrales. La diferencia es que los cinco sentidos astrales son contrapartes astrales de los cinco sentidos físicos y funcionan en el plano astral de la misma manera que los sentidos físicos lo hacen en el plano físico. Existe un sentido astral correspondiente a cada órgano físico, aunque la impresión astral no se recibe a través del órgano físico, sino que llega a la conciencia a través de sus propias líneas, tal como sucede con la impresión recibida a través de los canales físicos. Por otro lado, el sexto sentido físico especial, (llamémoslo "el sentido telepático", por falta de un nombre mejor) tiene tanto un órgano físico, a través del cual recibe impresiones, como una contraparte astral, al igual que los otros sentidos físicos. En otras palabras, tiene un órgano físico que es tan real como la nariz, el ojo o el oído, a través del cual recibe las impresiones telepáticas ordinarias. Este órgano físico se utiliza en todos los casos que caen dentro de la categoría de "telepatía". Por otro lado, la contraparte astral se utiliza en el plano astral, en ciertas formas de clarividencia. El cerebro recibe las vibraciones u ondas de pensamiento que emanan de las mentes de los demás a través de este órgano físico telepático.

Imbuido en el cerebro, cerca de la mitad del cráneo, casi directamente encima de la parte superior de la columna vertebral, se encuentra un pequeño cuerpo o glándula, de color gris rojizo, en forma de cono, pegado al suelo del tercer ventrículo del cerebro, delante del cerebelo. Es una masa de materia nerviosa, que contiene corpúsculos parecidos a células nerviosas, y también pequeñas concreciones de partículas calcáreas y arenáceas, a veces llamadas "arena cerebral". Este cuerpo es conocido en la ciencia física occidental como la "Glándula Pineal" o "Cuerpo Pineal", el término "Pineal" se le ha dado por su forma, que se asemeja a la de una piña.

Los científicos occidentales están completamente confundidos con respecto a la función, propósito y uso de este órgano del cerebro (ya que es un órgano). Sus libros de texto descartan el tema con la solemne declaración de que "no se comprende la función del cuerpo pineal", y no se hace ningún intento de explicar la presencia y los propósitos de los "corpúsculos parecidos a células nerviosas" o la "arena cerebral". Sin embargo, algunos autores de libros de texto señalan que este órgano es más grande en los niños que en los adultos, y más desarrollado en las mujeres adultas que en los hombres adultos —una afirmación muy significativa.

Los yoguis han sabido durante siglos que este "cuerpo pineal" es el órgano a través del cual el cerebro recibe impresiones, por medio de vibraciones causadas por pensamientos proyectados desde otros cerebros, en resumen, el órgano de la comunicación "telepática". No es necesario que este órgano tenga una abertura hacia el exterior, como la tienen el oído, la nariz y el ojo, porque las vibraciones del pensamiento penetran en la materia de la consistencia del cuerpo físico, tan fácilmente como las vibraciones de la luz penetran en el cristal, o las vibraciones de los rayos X atraviesan la madera, la piedra, etc. La ilustración más cercana del carácter de las vibraciones del pensamiento se encuentra en las vibraciones enviadas y recibidas en la "telegrafía inalámbrica". El pequeño "cuerpo pineal" del cerebro es el instrumento receptor de la telegrafía sin hilos de la mente.

Cuando alguien "piensa", provoca vibraciones de mayor o menor intensidad en el éter circundante, las cuales se irradian en todas direcciones de manera similar a las ondas de luz que se irradian desde su fuente. Estas vibraciones, al golpear el órgano telepático de otros cerebros, producen una acción cerebral que reproduce el pensamiento en el cerebro del receptor. Este pensamiento reproducido puede pasar al campo de la conciencia o puede permanecer en la región de la Mente Instintiva, según las circunstancias.

En nuestra última lección, "Dinámica del Pensamiento", hablamos de la influencia y el poder del pensamiento, y sugerimos que después de terminar la lección actual, el estudiante volviera a leer la quinta lección, para unir las dos lecciones en su mente. En la lección anterior explicamos lo que hacían las ondas de pensamiento, y en esta lección explicamos cómo se reciben.

Entonces, para el propósito de esta lección, la telepatía puede considerarse como la recepción, consciente o inconsciente, de vibraciones u ondas de pensamiento, enviadas, consciente o inconscientemente, desde las mentes de otros. Así, la transmisión deliberada de pensamientos entre dos o más personas se conoce como telepatía, y también se considera telepatía cuando una persona absorbe las vibraciones del pensamiento en la atmósfera enviadas por otros pensadores, aunque no tenga intención de recibirlas. Como se explicó en la lección anterior, las ondas de pensamiento varían en intensidad y fuerza. La concentración del remitente o receptor (o ambos) aumenta significativamente la fuerza del envío, así como la precisión y claridad de la recepción.

## Clarividencia

Es muy difícil hablar inteligentemente sobre los fenómenos comprendidos bajo el término de clarividencia sin adentrarnos en el tema del plano astral, ya que la clarividencia es un incidente que pertenece a ese plano. Sin embargo, no podemos profundizar en detalles sobre el plano astral en este momento, ya que tenemos la intención de dedicar una lección completa a ese tema. Por ahora, debemos continuar con el tema que tenemos ante nosotros, en el entendimiento de que el estudiante recibirá una explicación detallada sobre la naturaleza y los incidentes del plano astral a su debido tiempo. Para fines de esta lección, debemos pedir al estudiante que acepte la afirmación de que cada persona tiene dentro de sí facultades que le permiten "sentir" vibraciones a las que sus órganos físicos ordinarios de los sentidos no responden. Cada sentido físico tiene su correspondiente sentido astral, que está abierto a estas vibraciones y las interpreta para transmitirlas a la conciencia del individuo.

Así, la visión astral permite recibir vibraciones luminosas astrales a enorme distancia; recibir estos rayos a través de objetos sólidos; percibir las formas de pensamientos en el éter, etc. Por su parte, la audición astral permite recibir vibraciones sonoras astrales a grandes distancias y, aunque ha pasado mucho tiempo, las vibraciones aún persisten en existencia. Los otros sentidos astrales corresponden a los otros sentidos físicos, pero, al igual que los sentidos astrales de la vista y la audición, son una extensión de los sentidos físicos. Creemos que el asunto fue bien expresado, aunque de manera un tanto cruda, por una psíquica sin educación que, después de intentar explicar la similitud entre sus sentidos astrales y los físicos, dijo torpemente: "Los sentidos astrales son iguales que los físicos, solo que más". No creemos que podamos mejorar la explicación de esta mujer sin educación.

Todas las personas tienen los sentidos astrales mencionados, pero comparativamente pocas los han desarrollado para poder utilizarlos conscientemente.

Algunos experimentan destellos ocasionales de percepción astral, pero no son conscientes de la fuente de sus impresiones, simplemente saben que "algo entró en su mente", y a menudo descartan la impresión como una fantasía ociosa. Aquellos que despiertan a la percepción astral suelen ser torpes e inexpertos, similar al infante cuando los sentidos físicos comienzan a recibir y traducir impresiones. El infante tiene que estimar la distancia al recibir impresiones a través del ojo y el oído, y también en lo que respecta al tacto. El infante en el psiquismo tiene que pasar por una experiencia similar, de ahí los resultados confusos e insatisfactorios al principio.

## Clarividencia Simple

Para entender de manera inteligente las diversas formas de fenómenos clarividentes, en particular aquellas que se manifiestan en lo que llamaremos "clarividencia espacial", es decir, el poder de ver cosas a grandes distancias, debemos aceptar las enseñanzas ocultas (que han sido verificadas por los últimos descubrimientos de la ciencia física moderna). Estas enseñanzas indican que todas las formas de materia están constantemente emitiendo radiaciones en todas las direcciones. Aunque estos rayos astrales son mucho más sutiles y finos que los rayos luminosos ordinarios, se mueven de la misma manera y son captados por el sentido astral de la vista de la misma manera que los rayos de luz ordinarios por los órganos físicos de la vista. Al igual que los rayos de luz ordinarios, estos rayos de luz astrales se mueven infinitamente, y los sentidos astrales altamente desarrollados y entrenados del ocultista avanzado registran impresiones desde distancias increíbles para el lector común que no ha estudiado estas materias. Es importante destacar que estos rayos de luz astral penetran y atraviesan los objetos materiales sólidos con relativa facilidad, por lo que los cuerpos más densos se vuelven casi transparentes a la visión clarividente entrenada.

Por supuesto, en todas las formas de clarividencia mencionadas, existen diversos grados de poder clarividente por parte del individuo. Algunos manifiestan un poder extraordinario, otros tienen un poder medio, y la mayoría solo posee un poder ocasional y más o menos rudimentario de percepción en el plano astral. Este es el caso tanto de la clarividencia simple como de las formas superiores, que se describirán a continuación. Por lo tanto, es posible que un individuo posea algunas de las características de la clarividencia simple y carezca de otras.

La clarividencia simple se refiere al poder de recibir impresiones astrales desde distancias cortas, pero el clarividente no tiene la capacidad de ver cosas a larga distancia o percibir cosas que ocurrieron en el pasado o presente. Para la persona que posee un grado completo de clarividencia simple, ocurre el fenómeno de recibir ondas de luz astral a través de objetos sólidos. Literalmente, puede ver cosas a través de una pared de piedra. Los objetos sólidos se vuelven semitransparentes y percibe las vibraciones que pasan a través de ellos, tal como lo hace un observador con el aparato adecuado que percibe los rayos X que atraviesan un objeto sólido. Es capaz de observar cosas que ocurren en una habitación adyacente y detrás de puertas cerradas. Con la práctica, puede leer el contenido de cartas selladas.

Puede ver varios metros en la tierra bajo sus pies y observar los minerales que puedan estar presentes. También puede ver a través del cuerpo de una persona cercana y observar el funcionamiento de sus órganos internos, y en muchos casos, distinguir la causa de dolencias físicas. Puede ver el aura de las personas con las que entra en contacto, observando los colores áuricos y determinando así la calidad del pensamiento que emana de su mente. A través del poder clariaudiente, puede escuchar cosas que se dicen más allá del alcance de la audición ordinaria. Se vuelve sensible a los pensamientos de los demás debido al ejercicio de sus poderes telepáticos astrales, que son muchas veces más agudos que sus sentidos telepáticos ordinarios. Puede ver espíritus desencarnados y otras formas astrales, que se explicarán en la lección que trata sobre ese tema. En resumen, un nuevo mundo de impresiones se abre ante él. En algunos casos excepcionales, las personas que poseen clarividencia simple desarrollan gradualmente la facultad de aumentar a voluntad el tamaño de los objetos pequeños, es decir, mediante su visión astral pueden ajustar el enfoque de modo que la imagen astral del objeto que tienen delante se amplíe hasta el tamaño deseado, tal como lo hace la persona que utiliza el microscopio. Sin embargo, esta facultad es bastante rara y difícilmente se encuentra que se haya desarrollado espontáneamente, ya que por lo general solo la poseen aquellos que tienen poderes ocultos avanzados y desarrollados. Una variante de esta facultad se observará en la clarividencia espacial, que se tratará a continuación.

## Clarividencia Espacial

Existen varios medios por los cuales el psíquico o el ocultista desarrollado pueden percibir personas, cosas, escenas y eventos muy alejados del observador y fuera del alcance de la visión física. En esta lección, solo se tratarán dos de estos métodos; los demás pertenecen a los planos superiores de la vida y están fuera del alcance de cualquier persona, excepto los adeptos y los ocultistas más avanzados. Los dos métodos a los que nos referimos aquí caen estrictamente bajo el término de clarividencia espacial en el plano astral y, por lo tanto, forman parte de esta lección. El primer método consiste en lo que hemos descrito como clarividencia simple, pero en una escala aumentada debido al desarrollo de la facultad de enfocarse en objetos lejanos y traerlos a la vista por medio de lo que los ocultistas conocen como "el tubo astral", que se describirá en los siguientes párrafos. El segundo método consiste en proyectar el cuerpo astral, consciente o inconscientemente, y prácticamente observar la escena en el lugar, a través de la visión astral. Este método también será descrito un poco más adelante en esta lección.

Hemos descrito el rayo de luz astral que emana de todos los objetos, el cual permite la visión astral. Bajo el término de clarividencia simple, hemos explicado cómo el clarividente puede observar objetos cercanos a través de su visión astral, de manera similar a como lo hace a través de su vista física. En el primer caso, utiliza los rayos de luz astrales y en el segundo, los rayos de luz corrientes. Sin embargo, al igual que uno no puede percibir un objeto lejano mediante su visión física ordinaria, aunque los rayos de luz no estén interrumpidos, el clarividente simple no puede "ver" objetos lejanos mediante su visión astral, aunque los rayos de luz astrales no estén interrumpidos. En el plano físico, para poder ver cosas que están más allá de la visión normal, es necesario utilizar un telescopio. De manera similar, en el plano astral, para recibir una impresión clara de las cosas lejanas, se debe recurrir a alguna ayuda de la simple visión astral. Sin embargo, esta ayuda proviene del propio organismo astral del clarividente y consiste en una facultad astral peculiar que actúa como la lente de un telescopio y magnifica los rayos recibidos desde lejos, haciéndolos suficientemente grandes para ser distinguidos por la mente. En efecto, este poder es "telescópico", aunque en realidad se trata de una variación de la facultad "microscópica" mencionada bajo el título de clarividencia simple. Esta facultad telescópica varía mucho en los psíquicos. Algunos pueden ver solo algunos kilómetros, mientras que otros reciben impresiones con la misma facilidad desde todas las partes de la Tierra, y unos pocos han sido capaces de percibir ocasionalmente escenas en otros planetas.

Esta visión astral telescópica suele operarse en conexión con lo que los ocultistas llaman el "telescopio astral". Este telescopio es similar al "telégrafo astral", la "corriente astral", entre otros, todos los cuales son variaciones del "tubo astral". El tubo astral se forma por la creación de una corriente de pensamiento en el plano astral, que se mantiene unida por un fuerte suministro de prana proyectado junto con el pensamiento. Esta corriente facilita mucho el paso de vibraciones astrales de todo tipo, como vibraciones telepáticas del pensamiento, vibraciones astrales de la luz o vibraciones astrales del sonido. Es el medio que permite el acercamiento entre el observador y lo observado, el proyector y el receptor, o dos personas en armonía, en una condición de conexión más estrecha. El tubo astral es el medio que hace posible una gran variedad de fenómenos psíquicos.

En el caso de la visión telescópica astral, o "clarividencia espacial", el clarividente, ya sea consciente o inconscientemente, establece un tubo astral que le conecta con la escena distante. Este método facilita la llegada de las vibraciones de luz astral, mientras que inhibe o excluye las impresiones exteriores, de modo que la mente solo recibe las impresiones del punto enfocado. Estas impresiones llegan al clarividente, y son magnificadas por su facultad "telescópica" y entonces son percibidas claramente por su visión astral. Es importante recordar que esta facultad "telescópica" actúa simplemente como una lente a través de la cual pasan los rayos de luz astrales, los cuales son aumentados a un tamaño suficientemente grande para ser distinguidos por la visión astral, de la misma manera que los rayos de luz ordinarios son aumentados para la visión ordinaria por la lente del telescopio. Esta analogía es muy útil para formarse una idea mental clara del proceso.

El "tubo astral" generalmente se forma por la voluntad del clarividente o por su fuerte deseo, que tiene casi la misma fuerza. Sin embargo, a veces, cuando las condiciones son favorables, cualquier pensamiento ocioso puede provocar el surgimiento de la corriente astral, y el clarividente verá escenas impensadas o incluso desconocidas para él. El pensamiento ocioso puede haber formado una conexión con otras corrientes psíquicas, o haber sido atraído en ciertas direcciones por cualquiera de las mil y una causas psíquicas en virtud de la ley de atracción y asociación. Pero la voluntad del operador suele ser suficiente para excluir los ajustes descuidados y establecer una rápida conexión con la persona o lugar deseados. Muchas personas tienen esta facultad bien controlada; otras la encuentran yendo y viniendo espontáneamente; otras están desprovistas de ella, excepto bajo influencia mesmérica, etc. Muchos han encontrado en la bola de cristal, o en algún objeto similar, un medio fácil para crear el tubo astral, utilizando el cristal como un punto de partida. La videncia en la bola de cristal es simplemente una forma de clarividencia espacial mediante el uso del tubo astral, y los escenarios percibidos por el observador son vistos por este medio. Solo tenemos espacio para exponer los principios generales de este gran tema y dar al estudiante una idea inteligente de las diversas formas de fenómenos psíquicos. Lamentamos no tener la oportunidad de relatar los interesantes casos de poder clarividente registrados por escritores eminentes en este tema, los cuales están bien atestiguados desde un punto de vista científico. Sin embargo, no estamos tratando de demostrar la existencia de la clarividencia. Debemos asumir que sabes que es un hecho o, al menos, no eres antagonista a la idea. Nuestro espacio debe dedicarse a una breve descripción y explicación de este fenómeno, más que a cualquier intento de probar su realidad a los escépticos. Es una cuestión que, después de todo, cada persona debe probar a su propia satisfacción mediante su propia experiencia, y que ninguna prueba externa establecerá.

El segundo método de ver las cosas alejadas de nosotros en el espacio, consiste en proyectar el cuerpo astral, ya sea consciente o inconscientemente, y observar la escena en el lugar mediante la visión astral. Este método es más difícil y menos común que el método ordinario del "tubo astral" que acabamos de describir. Aunque muchas personas viajan en el astral y perciben escenas que creen haber visto en sueños o "en el ojo de la mente".

En una lección anterior, hemos descrito el cuerpo astral. Es posible proyectar el cuerpo astral o viajar en él a cualquier punto dentro de los límites de este planeta. Sin embargo, muy pocas personas son conscientes de su capacidad para viajar de esta manera, y los principiantes necesitan mucha práctica y precaución. Una vez en el lugar, el viajero astral puede ver lo que sucede a su alrededor y no está confinado a la pequeña escena a la que está restringido el psíquico que utiliza el "tubo astral". Su cuerpo astral sigue sus deseos o su voluntad, y va adonde se le ordena. Los ocultistas entrenados pueden desear estar en un determinado lugar, y su cuerpo astral viaja allí con la rapidez de la luz o incluso más rápidamente. Por supuesto, los ocultistas no entrenados no tienen tal grado de control sobre su cuerpo astral y son más o menos torpes en su manejo. A menudo, las personas viajan en su cuerpo astral mientras duermen; un número menor viaja inconscientemente en sus momentos de vigilia, y unos pocos han adquirido el conocimiento que les permite viajar conscientemente y a voluntad en sus momentos de vigilia. El cuerpo astral está siempre conectado con el cuerpo físico por un hilo astral delgado, parecido a la seda, y se mantiene la comunicación entre los dos. En nuestra décima lección, que trata sobre el Plano Astral, tendremos más que decir sobre el tema del cuerpo astral. Aquí simplemente lo mencionamos para explicar que lo que se llama clarividencia a veces se logra con su ayuda, aunque es una forma más elevada de poder psíquico que las otras formas de clarividencia mencionadas hasta ahora.

## Clarividencia del Tiempo Pasado

La clarividencia del tiempo, en cuanto a la percepción de eventos pasados, no es una facultad rara entre los ocultistas avanzados. De hecho, se podría decir que es común entre tales personas. Esta misma facultad, manifestada de manera imperfecta, se encuentra entre muchos psíquicos comunes que no están familiarizados con la naturaleza de su poder. Sin embargo, entre esta última clase de personas, la clarividencia del tiempo es más o menos insatisfactoria debido a que es imperfecta y engañosa, por causas que se verán más adelante.

La afirmación de que uno puede ver eventos y escenas pasadas, incluso por medio de la visión astral, requiere una explicación completamente diferente de la dada para la clarividencia simple y espacial. En estos últimos casos, el clarividente ve lo que realmente está sucediendo en algún lugar en el momento en que se ve, o al menos unos pocos segundos antes. En cambio, en el caso de la clarividencia del tiempo, el clarividente ve algo que ha ocurrido tal vez hace siglos, después de que aparentemente todos los registros de ello han perecido. Ah, esa es precisamente la explicación: "aparentemente perecido". Los ocultistas saben que nada perece nunca, y que en los planos superiores de la materia existen registros imperecederos e inalterables de cada escena, acto, pensamiento y cosa que alguna vez existió u ocurrió. Estos registros akásicos no están en el plano astral, sino en un plano mucho más elevado, pero se reflejan en el plano astral, tal como el cielo y las nubes se reflejan en el cuerpo del lago. El observador que no puede ver el cielo mismo puede ver su contraparte en el agua. Y así como su visión puede ser distorsionada por las ondulaciones y las olas en el agua, la visión astral de estos registros del pasado también puede convertirse en impresiones distorsionadas e imperfectas debido a las perturbaciones en la luz astral. Los ocultistas han utilizado durante siglos el "agua" como símbolo de la luz astral, ¿ves por qué?.

Estos registros akásicos contienen "la memoria" de todo lo que ha sucedido. Quienes tienen acceso a ellos pueden leer el pasado como si fuera un libro. Sin embargo, solo las inteligencias más avanzadas tienen libre acceso a estos registros, o más bien, tienen el poder de leerlos. A pesar de ello, muchos han adquirido cierto grado de poder que les permite leer más o menos claramente a partir de los reflejos de estos registros en el plano astral. Aquellos que han desarrollado la clarividencia del tiempo pueden ver estos reflejos de los registros como escenas que suceden ante ellos. Es similar a cómo uno escucha las voces de personas que ya han fallecido en un fonógrafo, y otros podrán escuchar nuestras voces dentro de siglos. Es extremadamente difícil explicar la naturaleza de los registros akásicos a los principiantes, ya que no existen palabras adecuadas para describirlos. Incluso nosotros, que estamos escribiendo estas palabras, solo tenemos una comprensión parcial del misterio interno de los registros akásicos. Entonces, ¿cómo podemos hacer que los que están aún más atrás en el camino que nosotros los comprendan? Solo se nos ocurre una ilustración, aunque es imperfecta. En el cerebro de cada ser humano hay millones de células, cada una de las cuales contiene los registros de algún acontecimiento, pensamiento o acción pasados. Estos registros no pueden ser observados por el microscopio o por pruebas químicas, sin embargo, están presentes y pueden ser utilizados. La memoria de cada acto, pensamiento y acción permanece en el cerebro durante toda la vida, aunque su dueño no siempre pueda recordarlo. ¿Puedes entender la idea del registro akásico a partir de esta ilustración? En las grandes células de memoria del universo, están registrados y almacenados los registros de todo lo que ha sucedido antes. Aquellos que tienen acceso a los registros pueden leerlos, mientras que aquellos que pueden ver, aunque sea el reflejo astral de los registros, pueden leerlos con mayor o menor precisión y habilidad. Esto es lo mejor que podemos ofrecerles para explicar un asunto inexplicable. Aquellos que están listos para descubrir la verdad oculta en estas palabras podrán ver un destello de ella, mientras que los demás tendrán que esperar hasta estar listos.

## La Clarividencia del Tiempo Futuro

La clarividencia del tiempo, en lo que concierne a la "videncia" o visión del futuro, es aún más difícil de explicar. No lo intentaremos, excepto para decir que en la luz astral se encuentran reflejos débiles e imperfectos de los trabajos de la gran ley de causa y efecto, o más bien de las sombras proyectadas antes de los acontecimientos venideros. Algunos pocos tienen el poder de una visión más cercana de las cosas que causan estas sombras o reflejos, mientras que otros más tienen un grado de poder psíquico que les permite ver con su visión astral estos pobres reflejos, distorsionados e inciertos, a causa de las ondas y ondulaciones en el cuerpo del lago de luz astral. Existen planos superiores de poder mediante los cuales unos pocos en cada época han sido capaces de ver parcialmente el futuro. Sin embargo, tales poderes están mucho más allá de las escasas facultades del plano astral, que, aunque son bastante maravillosas para el ocultista no entrenado, no son tan apreciadas por aquellos que han avanzado mucho en el camino. Lamentamos tener que pasar por encima de esta parte del tema con tan pocas palabras, y solo ofrecer una simple sugerencia de la pequeña partícula de verdad que se le concede incluso al buscador avanzado del camino. Pero sabemos muy bien que todos recibirán la luz que necesitan en el momento justo, ni un momento antes ni un momento después. Todo lo que podemos hacer es dejar caer una palabra aquí, un indicio allá y sembrar una semilla. Esperemos que la cosecha llegue pronto y sea rica.

## Clariaudiencia

La clariaudiencia es la capacidad de escuchar en el plano astral por medio de los sentidos astrales. Casi todo lo que hemos dicho sobre la clarividencia es igualmente cierto para la clariaudiencia, la única diferencia es que se utiliza un órgano astral diferente. La clariaudiencia simple es similar a la clarividencia simple; la clariaudiencia espacial es similar a la clarividencia espacial; la clariaudiencia del tiempo pasado es similar a la clarividencia del tiempo pasado; incluso la clarividencia del tiempo futuro tiene una sombra de similitud en los fenómenos clariaudientes. La única diferencia entre las dos manifestaciones astrales es que se experimentan a través de dos sentidos astrales diferentes. Algunos clarividentes también son clariaudientes, mientras que otros carecen de este último poder. Por otra parte, algunos oyen clariaudientemente, pero no pueden ver en la luz astral. En general, la clariaudiencia es una manifestación algo más rara que la clarividencia.

## Psicometría

Así como a veces podemos recordar algo aparentemente olvidado al ver algo asociado con ese recuerdo en nuestra memoria, también a veces podemos abrir el reflejo astral de los registros akásicos de alguna escena o evento en particular al tocar algún material asociado con el evento o la escena. Parece haber una afinidad entre un pedazo de materia y la porción particular de los registros akásicos que contienen la historia pasada de la cosa en cuestión. Un pedazo de metal, piedra, tela o cabello puede abrir la visión psíquica de las cosas previamente asociadas con él en el pasado. Por otro lado, podemos establecer una conexión con personas que están vivas actualmente mediante una partícula de su ropa, cabello o artículos que llevaban anteriormente. La conexión establecida nos permite establecer más fácilmente el "tubo astral". La psicometría es simplemente una forma o varias formas de clarividencia puestas en funcionamiento mediante algún vínculo de conexión entre personas o cosas o algún objeto relacionado con ellas. No es una clase distinta de fenómenos psíquicos, sino simplemente una variación de las otras clases, a veces combinando varias clases de clarividencia en su manifestación.

## Cómo Desarrollar los Poderes Psíquicos

A menudo se nos plantea la pregunta que probablemente está en la mente de la mayoría de nuestros estudiantes, al menos de aquellos que aún no han manifestado ninguna exhibición marcada de poder psíquico: "¿Cómo se puede desarrollar el poder psíquico latente dentro de uno?" Hay muchos métodos de desarrollo, algunos de los cuales son deseables; muchos de los cuales son indeseables, y algunos de los cuales son positivamente perjudiciales.

Entre los métodos perjudiciales se encuentran aquellos utilizados por ciertas razas salvajes, y que incluso se mantienen entre los descarriados de nuestra propia raza. Nos referimos a prácticas objetables como el uso de drogas estupefacientes, danzas giratorias, prácticas vudú, ritos repulsivos de los magos negros y otras prácticas similares que no consideramos prudente siquiera mencionar. Estas prácticas tienen como objetivo producir una condición anormal similar a la intoxicación y, al igual que la intoxicación y los hábitos de drogas, solo dan como resultado la ruina física y psíquica. Es cierto que aquellos que se entregan a ellas desarrollan un bajo nivel de poder psíquico o astral, pero invariablemente atraen hacia sí una clase indeseable de entidades astrales. A menudo se abren a la influencia de un bajo nivel de inteligencias que los sabios evitan cuidadosamente y se niegan a entretener. Solo emitiremos una advertencia contra estas prácticas y sus resultados. Nuestro trabajo está destinado a elevar a nuestros estudiantes, no a arrastrarlos al nivel de los magos negros.

Otras prácticas, más o menos indeseables, aunque no absolutamente perjudiciales en el sentido en que hablamos de las últimas mencionadas, son comunes tanto entre ciertas clases de hindúes como entre los pueblos occidentales. Nos referimos a los métodos de autohipnotización y de hipnotización por otros, con el fin de producir o inducir una condición psíquica en la que la persona pueda vislumbrar el mundo astral. Fijar la mirada en algún objeto brillante hasta inducir un estado similar al trance o la repetición de alguna fórmula monótona hasta producir un estado de somnolencia son algunos de los métodos de esta clase. También colocamos en esta categoría el proceso común de hipnotismo por otros con el mismo propósito. Por supuesto, existe una forma superior de "mesmerismo" conocida por los ocultistas, que se encuentra en un plano completamente diferente. Sin embargo, los ocultistas son reacios a utilizarlo, excepto en ciertos casos donde pueda producir un bien. Además, tales métodos no son conocidos por el operador hipnótico ordinario, que lamentablemente, con demasiada frecuencia, es una persona con conocimientos y entrenamiento ocultos imperfectos y de un bajo grado de carácter moral. Advertimos a nuestros estudiantes que no permitan ser experimentados de esta manera.

Hay dos métodos de desarrollo psíquico practicados por los yoguis. El primero y más elevado es el desarrollo de los poderes psíquicos mediante el desarrollo primero de las facultades y la naturaleza espirituales, cuando los poderes psíquicos pueden ser utilizados con inteligencia y poder sin ningún entrenamiento especial —el logro superior lleva consigo el inferior. En otras palabras, el yogui, enfocado en el logro espiritual, se contenta con un conocimiento intelectual de los poderes psíquicos. Luego, una vez que ha adquirido el conocimiento y desarrollo espiritual superior, regresa y utiliza las herramientas listas a su mano, cuyo uso ahora comprende. En la decimocuarta lección de esta serie, señalaremos el camino de este desarrollo. La lección estará completamente dedicada a señalar el camino hacia el logro espiritual.

Sin embargo, hay otra manera por la cual algunos estudiantes de la Filosofía Yogui desarrollan poderes psíquicos en sí mismos, prefiriendo obtener este conocimiento mediante la experimentación y la experiencia antes de pasar al plano espiritual. No tenemos objeciones contra este curso, siempre y cuando el estudiante no considere el poder psíquico como el fin del logro, y siempre y cuando esté inspirado por motivos dignos y no permita que el interés del plano astral lo desvíe del objetivo principal: el desarrollo espiritual. Algunos estudiantes yogui siguen el plan de primero dominar el cuerpo con la mente y luego dominar la Mente Instintiva con el Intelecto bajo la dirección de la voluntad. Hemos hablado de los primeros pasos en el dominio del cuerpo en el libro "La ciencia de la respiración", y los expondremos con mayor claridad en nuestro próximo libro "Hatha Yoga". El control mental constituye un tema en sí mismo, y esperamos encontrar tiempo para escribir un pequeño manual sobre el tema en algún momento. Si el estudiante desea experimentar por sí mismo, le sugerimos que adquiera autocontrol y practique la concentración en el silencio. Muchos de ustedes ya han tenido exhibiciones de poder psíquico y pueden practicar en las líneas correspondientes a las manifestaciones que ya han tenido. Si se trata de telepatía, practiquen con algunos de sus amigos y observen los resultados. Un poco de práctica hará maravillas.

Si se trata de Clarividencia, puedes practicar con un cristal o un vaso de agua clara, para ayudarte a concentrarte y formar el principio del tubo astral. Si se trata de Psicometría, puedes practicar tomando algún objeto, como una piedrecilla, una moneda, una llave, y siéntate tranquilamente para tomar nota de las impresiones fugaces que al principio solo vendrán vagamente a tu mente. La descripción de las diferentes clases de fenómenos mencionados en esta lección te sugerirá métodos y ejercicios.

Sin embargo, no te dejes llevar por las prácticas psíquicas. Aunque son interesantes e instructivas, no son esenciales en esta etapa de desarrollo. Mantén tu mente fija siempre en la meta, que es el desarrollo del Ser Real, la realización del Yo Soy dentro de ti y la realización aún más elevada de tu Unidad con Todo.

La paz sea contigo, estudiante. Tienes nuestro cariñoso pensamiento y nuestros deseos para tu bienestar. Si alguna vez necesitas de nuestro apoyo y ayuda mental, llámanos en el gran Silencio, y responderemos.

# MAGNETISMO HUMANO

El magnetismo humano, tal como se utiliza el término en estas lecciones, es algo muy diferente de lo que el público generalmente denomina magnetismo personal. El magnetismo personal es un atributo de la mente y pertenece al tema de la dinámica del pensamiento. En cambio, el magnetismo humano es una manifestación del Prana y pertenece a esa parte del tema general.

El término "magnetismo humano" es deficiente, pero, como muchos otros, se emplea a falta de uno mejor y para evitar acuñar nuevos términos que podrían confundir al estudiante. En sánscrito existen términos que se ajustan perfectamente a cada fase de la materia y se han ido utilizando a medida que el conocimiento de la materia ha crecido. Y así sucederá cuando el conocimiento de esta filosofía de Oriente llegue a ser más conocida por los occidentales; se generalizarán nuevos términos adecuados al tema y cesará la confusión que ahora existe.

Preferimos el término "magnetismo humano" al de "magnetismo animal", ya que este último a menudo se confunde con algunas manifestaciones del mesmerismo. Sin embargo, este magnetismo humano no es una propiedad exclusiva del ser humano, ya que los animales inferiores también lo poseen en cierto grado. La diferencia radica en que el ser humano es capaz de dirigirlo conscientemente a través de su voluntad y pensamiento, mientras que los animales inferiores lo utilizan más o menos inconscientemente, y sin ayuda intelectual o bajo el control de la voluntad. Tanto los animales inferiores como el ser humano emiten constantemente este magnetismo, o energía pránica, de forma inconsciente. No obstante, la persona desarrollada o psíquicamente educada tiene la capacidad de controlar esta energía y puede reprimirla en gran medida o emitir cantidades mucho mayores de ella. Además, puede dirigirla a cualquier lugar o punto especial y utilizarla en conexión con sus ondas de pensamiento para darles un mayor poder de transporte y fuerza.

A riesgo de ser acusados de repetición innecesaria, deseamos enfatizar que esta energía pránica, o magnetismo humano, es algo completamente diferente a la "fuerza del pensamiento" o cualquier exhibición del poder del pensamiento, excepto que puede ser utilizada en conexión con las ondas del pensamiento, como se mencionó anteriormente. Esta energía es simplemente una fuerza ciega de la naturaleza, al igual que la electricidad u otras fuerzas similares, y puede ser utilizada consciente o inconscientemente; sabia o ignorantemente; inteligente o tontamente. No tiene ninguna acción inteligente, excepto la dirigida por la mente de su usuario. Un nombre mucho más apropiado sería "Electricidad Humana", ya que se parece mucho más a la electricidad que al magnetismo.

Con esta explicación, continuaremos utilizando el término "Magnetismo", pero pedimos que siempre recuerdes lo que queremos decir con este término.

El magnetismo humano es una forma de energía pránica, que se explicó brevemente en nuestra primera lección. Prana es la energía universal y se encuentra en diversas formas, en todas las cosas animadas o inanimadas. Todas las formas de fuerza o energía son manifestaciones de Prana, incluyendo la electricidad, la fuerza de la gravedad y el magnetismo humano. Es uno de los siete principios del ser humano, y se encuentra en mayor o menor medida en todos los organismos humanos.

El individuo extrae el Prana del aire que respira, de los alimentos que ingiere y de los líquidos que bebe. Si una persona tiene deficiencia en Prana, se vuelve débil y "carece de vitalidad", como se dice comúnmente. Cuando su suministro de Prana es suficientemente grande para sus necesidades, se vuelve activo, brillante, enérgico y "lleno de vida". Hemos dado instrucciones sobre la adquisición y almacenamiento de Prana mediante la respiración en nuestro pequeño libro "Ciencia de la respiración", y daremos instrucciones para su mejor absorción a través de los alimentos y líquidos en nuestro próximo libro "Hatha Yoga".

Existe una gran diferencia en la cantidad de Prana que las personas pueden absorber y almacenar. Algunas personas están sobrecargadas de Prana y lo irradian como una máquina eléctrica, lo que hace que aquellos con quienes entran en contacto sientan mayor salud, fuerza, vida y vigor. En contraste, otras personas son deficientes en Prana, por lo que cuando entran en compañía de otras personas, su condición de agotamiento los lleva a recurrir al suministro pránico de magnetismo de los demás. Como resultado, las personas que brindan el suministro tienden a sentirse incómodas y débiles después del encuentro.

Algunas personas son prácticamente vampiros y viven del magnetismo de otras personas, generalmente, de manera inconsciente. Sin embargo, algunas han adquirido el conocimiento de que pueden vivir de la fuerza de otros de esta manera, y practican sus artes maliciosas de forma consciente. Este uso consciente de su poder se considera una forma de magia negra y conlleva ciertas penalidades y castigos psíquicos. Pero, después de que alguien ha aprendido algo sobre este magnetismo humano y sus leyes, no puede ser atraído de esta manera, ni por la demanda inconsciente de otros, ni por designio consciente de alguien más.

El magnetismo humano, o energía pránica, es una poderosa fuerza terapéutica que se encuentra, de una forma u otra, en la mayoría de los casos de sanación psíquica. Es una de las formas más antiguas de sanación natural y se puede considerar casi instintiva en la humanidad. Un niño que se ha lastimado o que siente dolor corre de inmediato hacia su madre, quien besa la parte herida o coloca su mano sobre el área de dolor. En un momento, el niño se siente mejor. Del mismo modo, cuando nos acercamos a alguien que está sufriendo, es natural que pongamos nuestras manos en su frente o las pasemos sobre su cuerpo. Este uso instintivo de las manos es una forma de transmitir magnetismo a la persona afligida, quien generalmente experimenta alivio con este acto. El simple acto de sostener a un bebé contra el pecho de su madre también sigue este propósito instintivo. El magnetismo de la madre sale, impulsado por su pensamiento amoroso, y el bebé se calma, descansa y fortalece. El magnetismo humano puede desprenderse del sistema a través de un deseo o pensamiento, o puede ser transmitido de manera más directa a otra persona mediante el contacto de las manos, el contacto corporal, un beso, el aliento y otras formas similares. En nuestra octava lección, sobre "Terapéutica Ocultista", volveremos a hablar sobre este tema en detalle.

Es imposible dar una explicación clara y sencilla sobre el magnetismo humano sin adentrarnos en las enseñanzas ocultas más profundas, las cuales no son apropiadas para principiantes. Para decir lo que es el magnetismo humano, debemos explicar qué es el Prana, y para decir lo que es el Prana, debemos ir a la raíz del asunto y descubrir la verdadera naturaleza y origen de la "Fuerza", algo que la ciencia física moderna aún no ha logrado explicar. Estas explicaciones están reservadas para las enseñanzas ocultas más profundas, y aquellos que han alcanzado un nivel de comprensión, mediante un proceso lento, laborioso y gradual, pueden acceder a ellas.

Puede argumentarse que esperamos demasiado al pedirles a los estudiantes que acepten como verdad la afirmación de que existe algo llamado magnetismo humano o energía pránica, cuando no podemos explicar su verdadera naturaleza. En respuesta a esta objeción, contestamos que hay muchas cosas que pueden ser probadas por sus efectos observados, aunque la cosa misma no pueda ser explicada en términos simples. Tomemos como ejemplo la electricidad o el magnetismo, cuya existencia se nos demuestra claramente cada día por sus efectos y, sin embargo, la ciencia física nos dice muy poco que podamos entender acerca de su verdadera naturaleza. Lo mismo ocurre con esta manifestación de energía pránica —el magnetismo humano. Debemos buscar pruebas en sus efectos, en lugar de tratar de resolver el misterio de la fuente común de todas las formas de fuerza: el Prana.

Pero también se ha argumentado que, aunque podemos observar fácilmente los efectos y manifestaciones externas de la electricidad y el magnetismo, no existen tales efectos y manifestaciones del magnetismo humano o la energía pránica. Esta objeción siempre nos ha resultado sorprendente, ya que cada movimiento del cuerpo, desde el gran esfuerzo de un gigante hasta el parpadeo de una pestaña, es un efecto y manifestación directa de esta energía pránica o magnetismo humano.

Los científicos físicos a menudo se refieren a esto como "Fuerza Nerviosa" u otros nombres similares, pero es lo mismo que hemos llamado magnetismo humano, una forma de energía pránica. Cuando deseamos levantar un dedo, ejercemos un esfuerzo de la voluntad si el deseo es consciente, o un esfuerzo de la Mente Instintiva si el deseo es subconsciente. En ambos casos, se envía un suministro de magnetismo humano a los músculos que controlan el movimiento del dedo. Los músculos se contraen y el dedo se levanta. Y lo mismo ocurre con cada movimiento del cuerpo, tanto en el plano consciente como en el subconsciente. Cada paso que damos es causado por este mismo proceso, cada palabra que pronunciamos se produce de esta manera, cada lágrima que derramamos obedece a la ley. Incluso los latidos del corazón responden al suministro de magnetismo humano, impulsados por el mandato de la Mente Instintiva.

El magnetismo se envía a través de los nervios, al igual que un mensaje telegráfico se envía a través de los cables que se extienden desde la oficina central a todas las partes del país. Los nervios son sus cables telegráficos y la corriente en el cuerpo siempre viaja a través de estos cables. En el pasado, se creía que era imposible transmitir mensajes sin cables, así mismo, en la actualidad, los científicos físicos niegan que este magnetismo humano (al que ellos llaman fuerza nerviosa) pueda ser transmitido de otra forma que no sea a través de estos cables del sistema nervioso. Sin embargo, así como los científicos han descubierto la viabilidad y la realidad práctica de la "telegrafía inalámbrica", los ocultistas han sabido durante siglos que este magnetismo humano puede ser transmitido de persona a persona a través de la atmósfera astral, sin necesidad de los cables de los nervios.

¿Hemos ayudado a formar una idea más clara de lo que es el magnetismo humano?

Como se ha mencionado anteriormente, el magnetismo humano es absorbido por el organismo a través del aire que se respira, el agua que se bebe y los alimentos que se ingieren. Se extrae en el laboratorio de la naturaleza y se almacena en el sistema nervioso, en una cadena de baterías de almacenamiento, de las cuales el plexo solar es el almacén central y principal. A partir de estas baterías, el magnetismo es extraído por la mente y utilizado en los miles de propósitos para los que está destinado. Sin embargo, cuando decimos "extraído por la mente", no necesariamente se refiere a un esfuerzo consciente o al poder de la voluntad. En realidad, solo alrededor del cinco por ciento de la cantidad utilizada se extrae de esta manera, mientras que el noventa y cinco por ciento restante es extraído y utilizado por la Mente Instintiva, que controla las funciones del cuerpo, el funcionamiento de los órganos internos, los procesos de digestión, asimilación y eliminación, la circulación de la sangre y las diversas funciones del cuerpo físico, todo lo cual está total o parcialmente bajo el control y cuidado de la Mente Instintiva.

Tampoco se debe suponer que este magnetismo está ausente en alguna parte del cuerpo en determinado momento, o que está ausente hasta que se envía allí mediante un notorio esfuerzo de la mente. De hecho, cada parte del cuerpo contiene una mayor o menor cantidad de magnetismo en todo momento, y la cantidad depende de la vitalidad general de la persona, la cual está determinada completamente por la cantidad total de Prana o magnetismo humano en el sistema.

En este punto, será aconsejable una breve consideración del sistema nervioso, con sus células nerviosas, ganglios, plexos, etc., con el fin de obtener una idea más clara de los procesos de la naturaleza en su distribución del suministro de magnetismo.

El sistema nervioso se divide en dos grandes sistemas: el sistema cerebroespinal y el sistema simpático. El sistema cerebroespinal incluye toda la parte del sistema nervioso contenida dentro de la cavidad craneal y el canal espinal, es decir, el cerebro y la médula espinal, junto con los nervios que se ramifican a partir de esta última. Este sistema preside las funciones de la vida animal conocidas como volición, sensación, etc. El sistema simpático incluye toda la parte del sistema nervioso ubicada principalmente en las cavidades torácica, abdominal y pélvica, y se distribuye a los órganos internos. Controla los procesos involuntarios, como el crecimiento, la nutrición, etc., bajo la supervisión y dirección de la Mente Instintiva.

El sistema cerebroespinal se encarga de todo lo relacionado con la vista, el oído, el gusto, el olfato, el tacto, etc. Pone las cosas en movimiento; es utilizado por el ego para pensar —para manifestar la conciencia y el intelecto. Es el instrumento mediante el cual el ego puede comunicarse con el mundo exterior a través de los sentidos físicos. Este sistema ha sido comparado con un gran sistema telefónico, con el cerebro como la oficina central y la columna vertebral y los nervios como los cables y alambres respectivamente.

El cerebro es una gran masa de tejido nervioso y consta de tres partes: el cerebro, que ocupa la parte superior, frontal, media y posterior del cráneo; el cerebelo, o "cerebro pequeño", que llena la parte inferior y posterior del cráneo, y la médula oblongada, que es el comienzo ensanchado de la médula espinal, situado delante y frente al cerebelo.

El cerebro es el órgano del intelecto y también de la Mente Espiritual en desarrollo —el órgano de manifestación, recuérdese, no la cosa en sí misma. El cerebelo es el órgano de la Mente Instintiva. La médula oblongada es la parte superior y ensanchada de la médula espinal. Desde la médula oblongada y el cerebro se ramifican los nervios craneales que se extienden hacia diversas partes de la cabeza, incluyendo los órganos de los sentidos especiales, así como algunos órganos torácicos, abdominales y respiratorios.

La médula espinal llena el canal espinal en la columna vertebral o "espina dorsal". Es una larga masa de tejido nervioso que se ramifica en las distintas vértebras en nervios que se comunican con todas las partes del cuerpo. La médula espinal es como un gran cable telefónico, y los nervios emergentes son como los cables privados que se conectan a ella.

El sistema simpático está compuesto por una doble cadena de ganglios a cada lado de la columna vertebral, y ganglios dispersos en la cabeza, cuello, pecho y abdomen. Un ganglio es una masa de tejido nervioso que contiene células nerviosas. Estos ganglios están conectados entre sí mediante filamentos y también están conectados al sistema cerebroespinal a través de nervios motores y sensoriales. Desde estos ganglios se ramifican numerosas fibras hacia los órganos del cuerpo, los vasos sanguíneos, entre otros. En varios puntos, los nervios se unen y forman lo que se conocen como plexos. El sistema simpático desempeña un papel crucial en el control de los procesos involuntarios del cuerpo, como la circulación, la respiración y la digestión.

Sobre este maravilloso sistema opera el magnetismo humano o la energía pránica, o "fuerza nerviosa", si prefieres el término de los científicos físicos. Mediante los impulsos de la mente a través del cerebro, el magnetismo se extrae de las baterías de almacenamiento y se envía a todas las partes del cuerpo, o a una parte específica del cuerpo, a través de los cables del sistema nervioso. Este magnetismo es vital para el funcionamiento del organismo: sin él, el corazón no puede latir, la sangre no puede circular, los pulmones no pueden respirar y los diversos órganos no pueden funcionar. De hecho, toda la maquinaria del cuerpo se detiene si se interrumpe el suministro de magnetismo. Más aún, incluso el cerebro mismo no puede desempeñar sus funciones como órgano físico de la mente, a menos que esté presente un suministro de Prana o magnetismo. Sin embargo, los científicos físicos sonríen ante la mención del tema del "magnetismo humano" y lo desechan dándole otro nombre, "fuerza nerviosa", pero limitando su alcance.

Las enseñanzas yoguis van más lejos que la ciencia física occidental en lo que respecta a una parte particular del sistema nervioso. Nos referimos a lo que los científicos físicos llaman "plexo solar" o "cerebro abdominal", y que consideran simplemente como una de las muchas redes de nervios simpáticos que, con sus ganglios, se encuentran presentes en diversas partes del cuerpo. Sin embargo, la ciencia yogui sostiene que este plexo solar es una parte extremadamente importante del sistema nervioso y es el principal almacén de Prana, que abastece a las baterías de almacenamiento más pequeñas y a todo el sistema en su conjunto. El plexo solar se encuentra en la región epigástrica, justo detrás de la boca del estómago, a ambos lados de la columna vertebral. Está compuesto por materia cerebral blanca y gris, similar a la que compone los cerebros humanos. Este plexo desempeña un papel mucho más significativo en la vida humana de lo que generalmente se reconoce. Se han registrado casos de personas que han fallecido instantáneamente debido a un fuerte golpe en esta región, y los boxeadores son conscientes de su vulnerabilidad y a menudo incapacitan a sus oponentes al golpear en esta zona. El término "solar" se le ha atribuido adecuadamente, ya que irradia energía y fuerza hacia todas las partes del cuerpo, e incluso los cerebros superiores dependen de él para obtener la energía con la que trabajan.

La sangre penetra todas las partes del sistema a través de las arterias y los vasos sanguíneos más pequeños, terminando en diminutos y finos vasos llamados capilares. De esta manera, el sistema se mantiene abastecido con una rica sangre roja, que proporciona los nutrientes necesarios para la construcción y reparación de las células del cuerpo. La sangre suministra los materiales necesarios para el proceso de reparación y reconstrucción que está constantemente en marcha en cada parte del cuerpo, bajo la dirección de ese fiel servidor, la Mente Instintiva. De manera similar, este magnetismo humano o energía pránica penetra en cada parte del sistema, mediante esta maravillosa y compleja maquinaria llamada sistema nervioso, con sus complejos mecanismos dentro de sistemas de cables, conductores, enlaces, baterías de almacenamiento y similares. Sin este magnetismo, la vida no sería posible, ya que incluso el mecanismo y el aparato que llevan a cabo la circulación de la sangre dependen de esta fuerza motriz proporcionada por el magnetismo humano o energía pránica.

El cuerpo humano saludable está lleno, desde la cabeza hasta los pies, de esta maravillosa fuerza, que mantiene su maquinaria en movimiento y que se utiliza no solo en el plano físico, sino también en el plano astral, como veremos más adelante.

Pero debe recordarse que la Mente Instintiva está detrás de toda esta distribución, ya que mantiene una demanda y un consumo continuo de las baterías de almacenamiento del sistema para obtener un suministro suficiente de magnetismo que pueda abastecer a todas las partes del cuerpo, y solo pide una cantidad especial en respuesta a una demanda repentina e inmediata. Sin embargo, la Mente Instintiva supervisa el tema del suministro y la demanda en este consumo continuo de las baterías de almacenamiento y en el consiguiente envío del magnetismo a todas las partes del cuerpo. Solo envía un porcentaje razonable del suministro almacenado, de lo contrario, pronto agotaría el sistema. Si alguien tiene un suministro abundante de magnetismo, la Mente Instintiva lo distribuye generosamente, ya que no es mezquina, simplemente es prudente, y tal persona irradia magnetismo de manera notable, de modo que quienes entran en contacto con ella sienten la saludable emanación que trasciende los límites del sistema nervioso y llena la atmósfera astral que le rodea. En nuestra cuarta lección hemos descrito el aura humana y nos hemos referido al aura del tercer principio, o Prana, que es prácticamente el aura del magnetismo humano.

Esta aura puede ser sentida por muchos y vista por aquellos que poseen cierto grado de visión clarividente. De hecho, un buen clarividente puede observar el magnetismo a medida que se mueve dentro del sistema nervioso de una persona. Cuando está dentro o muy cerca del cuerpo, tiene un tenue tono rosado que abandona a medida que se aleja del cuerpo. A corta distancia del cuerpo, se asemeja a una nube vaporosa con apariencia y color similares a una chispa eléctrica o a las radiaciones de un tubo de rayos X. Los clarividentes también pueden ver partículas parecidas a chispas que se desprenden de las puntas de los dedos de aquellos que realizan tratamientos magnéticos o pases mesméricos. También es visible para algunas personas que no se consideran clarividentes. Para ellas, aparece como el aire caliente que se desprende de una estufa o de la tierra caliente, es decir, como algo vaporoso e incoloro, pulsante y vibrante.

Una persona que posee una fuerte concentración o ha entrenado sus poderes de pensamiento también emite una cantidad considerable de magnetismo junto con las ondas de pensamiento que emanan de su cerebro. De hecho, todas las ondas de pensamiento están más o menos cargadas de magnetismo, pero aquellas provenientes de una concentración deficiente o un carácter negativo emiten tan poco magnetismo que generalmente no se les presta atención en comparación con las ondas de pensamiento generadas por una persona positiva o desarrollada.

El punto principal de divergencia entre el científico físico y el ocultista radica en la cuestión de la posible transferencia de magnetismo, o fuerza nerviosa, como lo llama el científico físico. El científico físico sostiene que si bien la fuerza nerviosa ciertamente existe y desempeña todas las funciones descritas por el ocultista dentro del cuerpo, está limitada al sistema nervioso y no puede traspasar sus límites. En consecuencia, niega la existencia de muchos fenómenos relacionados con el magnetismo humano y considera las enseñanzas ocultas solo apropiadas para personas visionarias e imaginativas. Por otro lado, el ocultista sabe por experiencia que este magnetismo o fuerza nerviosa puede traspasar los límites del sistema nervioso, y repetidamente lo hace, y proyectarse a distancias considerablemente lejanas de la persona en cuyo sistema estaba almacenado. Esta enseñanza oculta puede ser probada por cualquiera que esté dispuesto a experimentar por sí mismo, siempre y cuando mantenga una mente abierta, libre de prejuicios y esté dispuesto a aceptar los hechos tal como se le presentan.

Antes de continuar, es importante recordar a nuestros estudiantes que el magnetismo humano es simplemente una manifestación o forma de Prana, y que el Prana no se produce a pedido de las personas para satisfacer sus necesidades. Cuando alguien aumenta la cantidad de magnetismo en su sistema, no lo hace creando un suministro nuevo, sino atrayendo hacia sí mismo un mayor suministro de Prana desde la gran fuente de abastecimiento a través de la respiración, la alimentación y la ingesta de líquidos. La cantidad de Prana absorbida o extraída del aire, los alimentos y los líquidos puede incrementarse considerablemente mediante el deseo mental o el poder de la voluntad, como veremos más adelante. Existe una cierta cantidad de Prana en existencia y esta cantidad no puede aumentarse ni disminuirse. Es inmutable. Es Fuerza.

En nuestra quinta lección, dijimos que cuando un pensamiento se envía con fuerza, generalmente lleva consigo una cantidad considerable de Prana o magnetismo, lo cual le brinda fuerza adicional y puede producir efectos sorprendentes. Este Prana o magnetismo prácticamente vitaliza el pensamiento y lo convierte en una fuerza casi viva. Todo pensamiento positivo está más o menos cargado de Prana o magnetismo. Un individuo de voluntad fuerte que envía un pensamiento vigoroso y positivo, inconscientemente (o conscientemente si comprende el tema) envía con él un suministro de Prana o magnetismo proporcional a la fuerza o energía con la que se impulsa el pensamiento. Un pensamiento enviado mientras uno está bajo una fuerte emoción también está fuertemente cargado de magnetismo. Los pensamientos cargados de esta manera a menudo se envían con precisión, como una bala al blanco, en lugar de disiparse lentamente como una simple emanación de pensamiento. Algunos oradores públicos han dominado este arte y envían sus palabras con tanta fuerza que se puede sentir el impacto del pensamiento. Un pensador fuerte y enérgico, cuyos pensamientos están cargados de Prana, a veces les puede dar tanta vitalidad que vivirán por un tiempo como Formas de Pensamiento. Esto significa que poseen tanta vitalidad debido al Prana con el que están cargados que se vuelven casi como fuerzas vivas. Es posible que tengamos algo que decir sobre este tema en nuestra lección sobre el mundo astral (Lección 10). Tales Formas de Pensamiento, al entrar en la atmósfera psíquica de una persona, poseen casi el mismo grado de poder que se experimentaría si la persona estuviera presente en persona hablando contigo. Te invito a leer las páginas 82-86 de la Quinta Lección ahora que has aprendido un poco más sobre el Prana, ya que te dará una idea más clara de las Formas de Pensamiento.

El Prana depende considerablemente de los deseos y expectativas de una persona, tanto en lo que respecta a su absorción como a su proyección con una onda de pensamiento. Cada individuo absorbe una cierta cantidad de Prana en cada momento de su vida, y esta cantidad puede aumentarse siguiendo las enseñanzas yoguis sobre la respiración, la alimentación y la ingesta de líquidos.

Sin embargo, el pensamiento, el deseo o la expectativa de una persona pueden aumentar significativamente la cantidad de Prana absorbida. De manera similar, el deseo o la voluntad de una persona pueden multiplicar la fuerza con la que se proyecta un pensamiento. Esto se debe a que el deseo y la voluntad aumentan en gran medida la cantidad de Prana con la que está cargado el pensamiento.

Hablando más claramente: Si uno forma una imagen mental de la absorción de Prana mientras respira, come o bebe, pondrá en funcionamiento ciertas leyes ocultas que tenderán a liberar una mayor cantidad de Prana de su materia confinante y, en consecuencia, se fortalecerá enormemente. Prueba el experimento de respirar profundamente unas cuantas veces, manteniendo la imagen mental de que estás absorbiendo una gran cantidad de Prana con cada inhalación. Sentirás un flujo de nueva fuerza. Este ejercicio es especialmente beneficioso cuando te sientas cansado o agotado. Del mismo modo, bebe lentamente un vaso de agua, formando la imagen mental de que estás extrayendo del agua un gran suministro de Prana que está almacenado en ella y experimentarás un resultado similar. Asimismo, al comer, mastica tu comida lentamente, sosteniendo la imagen mental de que estás extrayendo la fuerza del Prana presente en los alimentos, recibirás un porcentaje mucho mayor de nutrición y fuerza de los alimentos de lo que lo harías de manera habitual. Estos métodos son simples, pero efectivos, esperamos que los pruebes y los utilices cuando los necesites. No dejes que la simplicidad de estas cosas te haga subestimarlas.

Por la misma ley, un pensamiento proyectado con la imagen mental de que está fuertemente cargado de Prana adquiere una mayor velocidad y fuerza que un pensamiento corriente. Su potencia aumentará considerablemente a través de esta práctica. Pero ten cuidado de no enviar malos pensamientos de esta manera. Lee atentamente la lección sobre "Dinámica del Pensamiento" y presta atención a las advertencias contenidas en ella.

Se pueden realizar varios experimentos interesantes en relación con el magnetismo humano. Si tienes varios amigos interesados en este tema, puedes intentar el siguiente experimento: Siéntense formando un círculo y tómense de las manos. Concentren su mente en el propósito común de enviar una corriente Pránica, o corriente de magnetismo, alrededor del círculo. Es importante que todos estén de acuerdo en la dirección en la que enviarán la corriente, de lo contrario, algunos enviarán en una dirección y otros en otra, y se perderá el beneficio de la cooperación. Una buena opción es enviar la corriente en la dirección del movimiento de las manecillas del reloj, es decir, elijan a alguien para representar la figura del número XII y luego inicien el movimiento de la corriente en la dirección "a la derecha" a partir de esa persona. Si el grupo está en armonía y las condiciones son favorables, pronto sentirán un leve hormigueo, similar a una débil corriente eléctrica, recorriendo sus cuerpos. Esta práctica puede resultar vigorizante para todos los participantes si se realiza con moderación. Sin embargo, no aconsejamos que las sesiones se prolonguen demasiado, ya que podría generarse una corriente lo suficientemente fuerte como para propiciar la producción de fenómenos psíquicos. Aquellos que no estén familiarizados con las leyes de los fenómenos psíquicos no deberían practicarlos con demasiada libertad. No aprobamos la producción indiscriminada e irreflexiva de este tipo de fenómenos. Es necesario tener un entendimiento previo de las leyes antes de intentar producirlos.

Nuestro pequeño libro, "La Ciencia de la Respiración" proporciona de forma condensada una serie de métodos de utilización de la fuerza Pránica o el magnetismo humano, y remitimos al estudiante a ese libro, una vez que haya terminado esta lección. Todas nuestras publicaciones se complementan entre sí, y a medida que se lee una, las demás se vuelven más claras. Por necesidad, debemos condensar nuestra información y confiar en que los estudiantes lean atentamente todas las lecciones para obtener los mejores resultados.

Para evitar repetir lo mismo, debemos remitir al estudiante a "Ciencia de la respiración" para obtener instrucciones y ejercicios destinados a aumentar la absorción de Prana, así como para obtener instrucciones sobre su distribución.

El capítulo catorce de la "Ciencia de la respiración" proporciona valiosa información en esta área. En ese capítulo, el segundo párrafo ofrece un excelente ejercicio para aumentar la absorción de Prana y su distribución a todas las partes del cuerpo, fortaleciendo y vigorizando todas las células, órganos y partes del cuerpo. Ese ejercicio te resultará especialmente valioso ahora que hemos profundizado un poco más en el tema del Prana o magnetismo. El tercer párrafo del mismo capítulo te enseña cómo inhibir el dolor mediante la dirección del Prana. El cuarto párrafo te instruye en la dirección de la circulación. El quinto párrafo te brinda información sobre la autosanación, y el sexto párrafo te da un breve curso sobre la sanación de otros, que si lo sigues cuidadosamente te convertirá en un buen "sanador magnético". El séptimo párrafo te instruye en la sanación a distancia.

El siguiente capítulo, capítulo quince, proporciona información sobre la proyección del pensamiento mediante el envío de pensamientos cargados de Prana a distancia. Además, ofrece instrucciones para formar un aura protectora que permitirá al estudiante resistir los pensamientos y el Prana de los demás si así lo desea. Esta información es especialmente valiosa, y recomendamos encarecidamente al estudiante que adquiera la práctica de formar un aura protectora, ya que le será útil en muchas ocasiones. Nuestra quinta lección también contiene instrucciones similares, pero con mayor detalle que en la "Ciencia de la respiración". El capítulo quince de dicho libro también enseña técnicas para recargarse y recargar a otros con Prana, además, cómo cargar el agua. También, se incluyen numerosos ejercicios y valiosas instrucciones para utilizar la fuerza Pránica o el magnetismo humano.

Un lector casual de estas últimas líneas podría fácilmente suponer que estamos tratando de vender "La Ciencia de la Respiración" a nuestros estudiantes, debido a las constantes referencias a ese libro. Queremos informar a dicho lector casual sobre un hecho que los estudiantes conocen, aunque no se lo mencionemos: la mayoría de los estudiantes de esta clase han leído "La Ciencia de la Respiración" antes de adquirir este curso. Por lo tanto, no sería apropiado promover nuevamente la venta del mismo libro, y eso debería librarnos de la sospecha sobre nuestro afán desmedido por vender nuestros libros alabándolos en nuestras lecciones. La verdadera razón detrás de estas repetidas menciones de "La Ciencia de la Respiración" es que hemos observado que el estudiante promedio, a pesar de haber leído el libro varias veces, no se da cuenta completamente de la gran cantidad de información que contiene hasta que se le señala. Por lo tanto, sabemos que si el estudiante toma el libro después de que llamemos su atención, podrá comprender mucho mejor esta lección en particular debido a la referencia al libro. Del mismo modo, comprenderá mejor el libro porque acaba de leer esta lección. Queremos seguir enfatizando estas ideas hasta que nuestros alumnos las hayan asimilado por completo. Estas lecciones no son simples lecturas interesantes, sino que tienen como objetivo enseñar algo, no solo entretener a nuestros estudiantes.

Por lo tanto, si el estudiante desea practicar el funcionamiento de la energía Pránica o del magnetismo humano, lo dirigimos a la "Ciencia de la Respiración", donde encontrará material suficiente para mantenerse ocupado durante algún tiempo.

En nuestra octava lección, sobre "Terapéutica Ocultista", también daremos algunas tareas y ejercicios específicos que puedes realizar, si lo deseas.

Como hemos mencionado anteriormente, es importante leer y releer estas lecciones en conexión unas con otras, ya que cada una aportará claridad a las demás y viceversa. Todas ellas son partes de un todo, como piedras que se unen para construir el templo: cada una tiene su lugar y se complementa con las demás.

A aquellos estudiantes que aún no han alcanzado el estado de salud perfecta que la Filosofía Yogui considera deseable, ya que prepara el cuerpo para ser utilizado como un instrumento perfecto del Ego, les recomendamos practicar el aumento del suministro de Prana a través de la respiración, los alimentos y los líquidos, tal como se indica en esta lección y en la "Ciencia de la Respiración". Una práctica constante y cuidadosa de esta absorción y almacenamiento de Prana beneficiará a cada persona, especialmente a aquellos que no gozan de una salud perfecta. No menosprecies el cuerpo, ya que es el Templo del Espíritu Viviente. Cuídalo bien, conviértelo en un instrumento digno.

# TERAPÉUTICA OCULTISTA

El estudiante de la historia humana encontrará evidencias en leyendas, folclore e historia de todos los pueblos, de que la sanación a través de prácticas ocultistas ha sido seguida por todas las razas, todas las culturas y en todos los tiempos. Estas diversas formas de terapéutica ocultista han variado desde las prácticas repulsivas asociadas a las formas más primitivas de superstición bárbara, hasta procedimientos más refinados que acompañan a algunos de los cultos metafísicos populares en la actualidad. Estas distintas formas de sanación ocultista se han relacionado con diversas tradiciones religiosas, desde el degradado vudú de África, hasta las formas más elevadas de religión conocidas en el mundo. Se han propuesto numerosas teorías para explicar los resultados de estas formas de sanación, y se han construido diversos credos en torno al hecho de que se han logrado curaciones. Sacerdotes, maestros y sanadores han afirmado tener poderes divinos y han insistido en que eran los representantes de la deidad venerada en sus respectivos países, simplemente porque eran capaces de sanar enfermedades corporales. En la mayoría de los casos, estos sacerdotes y sanadores han reclamado las sanaciones como una prueba irrefutable de la verdad de su religión o corriente de pensamiento religioso que favorecían. Al mismo tiempo, han desacreditado y calificado como falsas y fraudulentas a todas las demás formas de religión o sanación oculta, y han amenazado con severos castigos a aquellos que se atrevían a acudir a cualquiera de los sanadores o sacerdotes que pertenecieran a corrientes opuestas.

La naturaleza humana es bastante similar en todo el mundo y en todas las épocas. Encontramos la misma rivalidad y la pretensión de tener la "única cosa auténtica" existente hoy en día, tanto en el caso de los médicos rivales del vudú de África como en los refinados líderes de los cultos metafísicos de moda en Estados Unidos, y entre todos aquellos que se encuentran en medio de estos dos polos. ¡Ay de aquellos que se atribuyen el monopolio de una de las grandes fuerzas de la naturaleza! La gran fuerza recuperativa de la naturaleza es tan libre como el aire y la luz del sol, y puede ser utilizada por cualquier persona que así lo desee. No pertenece ni está controlada por ninguna persona, culto o escuela, y no se necesita una forma particular de creencia religiosa para beneficiarse de ella. Los hijos de Dios se entretienen con muchas formas, sectas y credos, pero él los reconoce a todos como sus hijos y sonríe ante sus infantiles deseos de formar grupos de "gente elegida" intentando excluir a sus hermanos de la herencia común.

Debería quedar claro para el estudiante que existe un gran principio subyacente en todas estas diferentes formas de sanación oculta, ya que todas ellas efectivamente logran sanaciones, a pesar de que cada una afirma tener la única teoría correcta y desacredita las teorías de los demás. Debe haber una fuerza común que todas estén utilizando, aunque en muchos casos lo hagan ciegamente. Las teorías y creencias divergentes que han construido en torno a sus sanaciones deben considerarse simplemente como resultado del uso de esta gran fuerza sanadora, y de ninguna manera como la verdadera explicación de los fenómenos de la sanación oculta. Cualquier teoría que valga la pena considerar debe ser capaz de explicar, o al menos intentar explicar, todas las diversas formas de sanación oculta, porque todos los diversos cultos y escuelas logran sanaciones, y lo han hecho en todas las épocas, a pesar de sus credos y teorías.

Los yoguis comprenden que todas las formas de sanación no son más que diversos medios de poner en funcionamiento esta gran fuerza de la naturaleza. Algunas formas son adecuadas para ciertos casos, mientras que otras son más adecuadas para otros. A menudo, se utilizan combinaciones de diferentes métodos para adaptarse a un caso particular.

Los yoguis reconocen que el Prana es la fuerza directa utilizada en todas estas formas de sanación, aunque se pone en funcionamiento de varias maneras distintas, como veremos a medida que avancemos. Enseñan que todas las formas de sanación oculta pueden explicarse de esta manera. De hecho, realizan sanaciones utilizando

casi todas las formas utilizadas por las grandes escuelas
de terapéutica ocultista desde hace siglos, y creen que hay
una sola teoría subyacente que abarca todas estas formas
de sanación.

Dividen las formas de sanación en tres clases
generales, a saber:

(1) Sanación Pránica, que incluye lo que se conoce
en el mundo occidental como sanación
magnética.

(2) Sanación Mental, que comprende las diversas
formas de sanación mental y psíquica,
incluyendo el "tratamiento a distancia", así
como las sanaciones realizadas bajo lo que se
conoce como "ley de sugestión", entre otras.

(3) Sanación Espiritual, que es una forma muy
excepcional de sanación y solo la poseen
aquellos que tienen un nivel espiritual
avanzado. Es algo muy diferente de lo que
algunos de los "sanadores" de hoy en día llaman
con el mismo nombre.

Sin embargo, incluso en la forma más avanzada de
sanación, subyace la misma fuerza, "Prana". El Prana es
el medio a través del cual se lleva a cabo la sanación,
independientemente del método que se utilice o de quién
lo utilice.

Al considerar el tema de la Terapéutica Oculta, es
necesario regresar al principio. Antes de considerar el
tema de la sanación, debemos analizar el cuerpo sano.

La Filosofía Yogui enseña que Dios le otorga a cada individuo una máquina física adaptada a sus necesidades, y también le suministra los medios para mantenerla en buen estado y repararla en caso de que su negligencia haga que se vuelva ineficiente. Los yoguis reconocen el cuerpo humano como la obra de una gran Inteligencia. Consideran su organismo como una máquina de trabajo, cuya concepción y funcionamiento revelan una sabiduría y cuidado supremos. Saben que el cuerpo existe gracias a esta gran Inteligencia y comprenden que dicha Inteligencia continúa operando a través del cuerpo físico y que, a medida que el individuo se alinea con el funcionamiento de la Ley Divina, disfrutará de salud y fuerza. Sin embargo, también saben que cuando una persona actúa en contra de esa ley, surge la desarmonía y la enfermedad. Consideran ridículo suponer que esta gran Inteligencia creó el hermoso cuerpo humano y luego se alejó y lo abandonó a su suerte, ya que tienen la certeza de que dicha Inteligencia sigue presidiendo cada función del cuerpo y se puede confiar en ella sin temor alguno.

Esa Inteligencia, cuya manifestación llamamos "Naturaleza" o "Principio de Vida", y otros nombres similares, está constantemente alerta para reparar daños, sanar heridas, unir huesos rotos, eliminar sustancias perjudiciales que se han acumulado en el sistema, y de muchas maneras, mantener la máquina en buen funcionamiento. Gran parte de lo que llamamos enfermedad, en realidad, es una acción benéfica de la Naturaleza diseñada para eliminar las sustancias tóxicas que hemos permitido que entren y permanezcan en nuestro sistema.

Ahora, veamos el verdadero significado de este cuerpo. Supongamos que un alma está buscando una morada donde poder llevar a cabo esta fase de su existencia. Los ocultistas saben que, para manifestarse de cierta manera, el alma necesita de una morada carnal. Analicemos qué es lo que el alma necesita en cuanto a un cuerpo, y luego verifiquemos si la Naturaleza le ha provisto lo que requiere.

En primer lugar, el alma necesita un instrumento físico altamente organizado para el pensamiento y una estación central desde la cual pueda dirigir el funcionamiento del cuerpo. La Naturaleza proporciona ese maravilloso instrumento, el cerebro humano, cuyas posibilidades apenas reconocemos en este momento. La porción del cerebro que el ser humano utiliza en esta etapa de su desarrollo es solo una ínfima parte de toda el área cerebral. La parte no utilizada espera la evolución de la raza.

En segundo lugar, el alma necesita órganos diseñados para recibir y registrar las diversas formas de impresiones del exterior. La Naturaleza interviene y proporcionas los ojos, los oídos, la nariz, los órganos del gusto y los nervios a través de los cuales sentimos. Sin embargo, la Naturaleza también reserva otros sentidos hasta que la raza sienta la necesidad de ellos.

Además, se necesitan medios de comunicación entre el cerebro y las diferentes partes del cuerpo. La Naturaleza ha "cableado" el cuerpo con nervios de una manera asombrosa. El cerebro envía mensajes a todas las partes del cuerpo a través de estos cables, enviando sus instrucciones a las células y los órganos, y exigiendo su obediencia inmediata. A su vez, el cerebro recibe mensajes de todas las partes del cuerpo, advirtiéndole de peligros, solicitando ayuda, presentando quejas, etc.

Luego, el cerebro debe tener medios para moverse por el mundo. Ha superado las tendencias vegetales heredadas y quiere "moverse". Además, desea alcanzar cosas y utilizarlas para su beneficio. La Naturaleza le ha proporcionado extremidades, músculos y tendones con los cuales mover las extremidades.

Luego, el cuerpo necesita una estructura para mantener su forma, protegerlo de los golpes, darle fuerza y firmeza, sostenerlo, por así decirlo. La Naturaleza le brinda el armazón óseo conocido como el esqueleto, una maravillosa maquinaria que bien merece tu estudio.

El alma necesita un medio físico de comunicación con otras almas encarnadas. La Naturaleza proporciona los medios de comunicación en los órganos del habla y la audición.

El cuerpo necesita un sistema de transporte de materiales de reparación a todo su sistema, para construir, reponer, reparar y fortalecer todas sus partes. También necesita un sistema similar mediante el cual llevar los residuos y la materia de desecho al crematorio, quemarlos y eliminarlos del sistema. La Naturaleza nos brinda la sangre portadora de vida, las arterias y venas por las cuales fluye de un lado a otro haciendo su trabajo, los pulmones para oxigenar la sangre y eliminar los residuos (ver "Ciencia de la Respiración", Capítulo 3).

El cuerpo necesita material del exterior con el cual construir y reparar sus partes. La Naturaleza proporciona los medios para ingerir los alimentos, digerirlos, extraer los elementos nutritivos, convertirlos en una forma absorbible por el sistema y excretar las porciones de desecho.

Finalmente, el cuerpo está provisto de medios para reproducir su especie, y proveer a otras almas con viviendas de carne.

Es altamente valioso estudiar el maravilloso mecanismo y funcionamiento del cuerpo humano. A través de este estudio, se obtiene una comprensión sumamente convincente de la realidad de esa gran Inteligencia en la Naturaleza; se observa el gran Principio de Vida en acción; se comprende que no se trata de una casualidad ciega o eventos fortuitos, sino del trabajo de una poderosa Inteligencia.

Entonces, uno aprende a confiar en esa Inteligencia y a saber que aquello que lo trajo a la existencia física lo guiará a lo largo de la vida; que el poder que se hizo cargo de él entonces lo tiene a cargo ahora y siempre.

A medida que nos abrimos al influjo del gran Principio de Vida, así seremos beneficiados. Si le tememos o no confiamos en él, cerramos la puerta y necesariamente sufrimos.

El estudiante podría preguntarse qué tiene que ver todo esto con la Terapéutica Ocultista, y podría quejarse de que le estamos dando una lección sobre Hatha Yoga, en cuya última afirmación estaría cerca de la verdad. Pero no podemos escapar de la idea de que hay algo en la Naturaleza que tiende a mantener a las personas en perfecta salud, y no podemos evitar sentir que la verdadera enseñanza consiste más bien en instruir a las personas sobre cómo mantenerse sanas en primer lugar, en lugar de señalar cómo pueden sanarse después de haber transgredido las leyes de la Naturaleza. Los yoguis piensan que es ilógico construir un culto en torno a los métodos de sanación; piensan que deben construirse cultos que se centren en la salud, permitiendo que la sanación de la enfermedad sea simplemente incidental.

En "Hatha Yoga", nuestro próximo libro, daremos los principios de la Filosofía Yogui de la salud perfecta, en la que se enseña la doctrina de que la salud es la condición normal del ser humano, y que la enfermedad es en gran parte una cuestión de ignorancia y desobediencia de las leyes naturales de la vida y del pensamiento. Enseñaremos allí que el poder curativo existe en cada persona, y puede ser llamado a la operación consciente o inconscientemente. La sanación ocultista es simplemente la puesta en juego de esta fuerza interior dentro del individuo (a veces con la ayuda de otros individuos), y la apertura del sistema a las energías recuperadoras que ya están dentro de sí mismo.

Toda sanación es ocasionada por lo que hemos llamado la "Fuerza Vital" en el individuo. El principio activo de esta Fuerza Vital es, como hemos explicado, la manifestación de la fuerza universal: Prana. Para evitar repeticiones, nos remitimos a "La Ciencia de la

Respiración" y a la séptima lección de este curso, para una explicación del sistema nervioso y de cómo el Prana opera sobre él. Lee lo que hemos dicho sobre este tema, y podrás comprender más claramente lo que vamos a decir sobre las diferentes formas de sanación oculta.

Supongamos que una persona ha descuidado las reglas de la vida y del pensamiento correcto, tal como se exponen en el "Hatha Yoga" y en otras obras sobre el tema, y se ha "debilitado" en salud. Ha probado diferentes formas de tratamiento material y desea hacer uso de lo que puede encontrar en las diversas formas de Terapéutica Oculta. Se le ofrecen varias formas de sanación oculta. Trataremos de explicar cómo funcionan estas diferentes formas de sanación y la explicación que hay detrás de cada una de ellas. No podemos entregar información detallada y métodos en una lección de este tamaño, ya que cada sistema requeriría un volumen para hacerlo, pero esperamos dar una idea general de las diversas formas de tratamiento.

## Sanación Magnética

Se trata de una forma de sanación pránica en la cual la persona enferma o algún "sanador" envían un mayor suministro de Prana a las partes afectadas. La sanación pránica acompaña prácticamente todas las demás formas de sanación, aunque quienes la practican no siempre son conscientes de su utilización. En lo que se conoce como "sanación magnética", el operador pasa su mano sobre el cuerpo de la persona enferma y, mediante un esfuerzo de la voluntad o un fuerte deseo, genera dentro de sí mismo un abundante suministro de Prana que transmite al paciente. Este Prana actúa como si proviniera del propio sistema del paciente y tiende a fortalecer y revitalizar la parte afectada del cuerpo, restableciendo su funcionamiento normal. Por lo general, en la sanación magnética, se utiliza el contacto físico, pasando las manos sobre el cuerpo. Hemos brindado instrucciones generales sobre esta forma de sanación en "La Ciencia de la Respiración" y es posible que en el futuro publiquemos un pequeño manual sobre el tema, que contenga instrucciones más específicas. Si el espacio lo permite al final de esta lección, proporcionaremos algunas instrucciones generales. Dado que hemos hablado ampliamente sobre el Prana en lecciones anteriores y en "La Ciencia de la Respiración" confiamos en que el estudiante pueda comprender el principio detrás de esta forma de sanación sin necesidad de una explicación más detallada.

## Sanación Mental

La sanación mental abarca un amplio campo y tiene varias formas aparentemente diferentes. Una de estas formas es la autosanación a través de la repetición de afirmaciones o autosugestiones por parte del paciente. Esta práctica tiende a crear una actitud mental más positiva y elevada, lo cual repercute en el cuerpo y le permite funcionar correctamente. Podemos afirmar que el principal beneficio de esta y otras formas similares de sanación radica en el hecho de que obliga al paciente a "dejar ir" los pensamientos adversos que han impedido que la naturaleza haga su trabajo, más que en alguna virtud especial de las afirmaciones. A menudo, hemos impedido que el Principio de Vida Divina actúe libremente a través de nosotros y lo hemos obstaculizado con autosugestiones adversas. Sin embargo, cuando cambiamos nuestra actitud mental, dejamos de interponer este obstáculo y permitimos que la naturaleza retome su curso natural. La autosugestión vigorosa estimula el sistema y estimula a la Mente Instintiva a hacer su trabajo correctamente.

En la forma de tratamiento mental conocida como "sugestión", opera el mismo principio. La mente del paciente es liberada de las autosugestiones adversas, mediante las sugestiones positivas del sanador, lo cual levanta el freno de la Mente Instintiva y permite que la naturaleza retome su curso normal. De esta forma, se envía un suministro suficiente de Prana a las partes afectadas, restableciendo pronto una condición normal. En el tratamiento sugestivo, el sanador generalmente, aunque a menudo inconscientemente, envía al paciente un suministro de su propio Prana, estimulando así las partes afectadas y facilitando los esfuerzos de la mente del paciente para restablecer las condiciones normales de Prana.

En lo que comúnmente se conoce como "sanación mental", se utiliza una cantidad considerable de sugestión, aunque el sanador no siempre sea consciente de ello. La actitud mental del sanador se transmite al paciente a través de su actitud, palabras, tono y comportamiento, y la mente que recibe la sugestión se beneficia de ello. Además de esto, el sanador está vertiendo en la mente del paciente una fuerte corriente de pensamiento elevador, fortalecedor y vigorizante, que el paciente recibe telepáticamente, especialmente cuando hay receptividad mental por parte del paciente. La unión de las dos mentes en un propósito común produce un gran aumento de la fuerza directiva y, además, la mente del paciente se aleja de los pensamientos negativos, lo que permite una mayor absorción y distribución de Prana en todo el cuerpo. De esta manera, el tratamiento mental beneficia tanto a la mente como al cuerpo del paciente.

Lo que se conoce como "Tratamiento Mental Ausente" actúa de manera similar a la forma de tratamiento mental mencionada anteriormente, la distancia entre el paciente y el sanador no es un obstáculo para un fuerte pensamiento sanador. En ambos casos, el sanador a menudo crea una poderosa Forma de Pensamiento, completamente cargada de Prana, que puede producir un efecto casi inmediato en el paciente, estimulando y fortaleciendo de manera significativa las partes afectadas. En algunas ocasiones, se han logrado sanaciones instantáneas de esta manera, aunque son relativamente pocos los sanadores lo suficientemente avanzados como para enviar formas de pensamiento de tal potencia. Un sanador mental muy poderoso puede ser capaz de enviar un pensamiento tan cargado de Prana, y tan lleno de fuerza vital y vida, que un órgano enfermo puede llenarse de una fuerza recuperativa tan intensa, que comenzará instantáneamente a eliminar los desechos y la materia enferma, y extraerá de la sangre los elementos necesarios para su propia reconstrucción y reparación en un período de tiempo relativamente corto. Una vez que el organismo del individuo restablece el funcionamiento normal, el sistema es capaz de continuar el trabajo sin necesidad de más ayuda externa.

Todas las formas de sanación mental se enmarcan dentro de una o más de las categorías mencionadas anteriormente. Recuerda, lo importante es lograr que la mente del paciente adopte la actitud mental adecuada, eliminando todas las formas de autosugestión adversa, para permitir que la naturaleza haga su trabajo correctamente sin interferencias. En el proceso de lograr este resultado, el paciente puede recibir ayuda (como se explicó anteriormente) mediante un fuerte pensamiento dirigido a la parte afectada, así como mediante el envío de un suministro de Prana desde el sanador, para estimular esa parte y facilitar trabajo de sanación de la mente.

## Sanación Espiritual

Existe otra forma de sanación, aunque muy raramente observada, en la cual una persona espiritual altamente desarrollada es capaz de permitir que su aura y esencia espiritual desciendan sobre la persona afectada. Esto tiene como resultado que todo el sistema del individuo se llene temporalmente con esa energía y desaparezcan todas las anomalías, ya que el Espíritu, al ser perfecto, transforma todo aquello con lo que entra en contacto. Sin embargo, esta verdadera sanación espiritual es tan excepcional que muy pocas personas han tenido la fortuna de presenciarla. Muchas personas que desempeñan un buen trabajo en otras líneas, afirman hacer este tipo de sanación, pero la realidad es que la mayoría de ellas se engañan a sí mismas y no tienen la menor idea de lo que es la verdadera sanación espiritual.

La sanación espiritual se caracteriza por lograr una restauración inmediata y perfecta del paciente, devolviéndolo a un estado físico absolutamente normal. Esta forma de sanación transforma al paciente en una condición similar a la de un niño sano, fuerte y vigoroso; libre de anomalías, dolores, desarmonías o cualquier síntoma. Sin embargo, es importante destacar que solo unas pocas personas dotadas en el mundo, en cada época, poseen este poder, aunque rara vez se manifiesta, por buenas razones ocultas. Y (subraya estas palabras con un lápiz) la verdadera sanación espiritual nunca se realiza con el objetivo de obtener ganancias financieras. Se ofrece "sin dinero a cambio y sin precio". La verdadera sanación espiritual es inmaculada y no se mezcla con el fango de la materialidad. Es correcto y apropiado que los "sanadores" cobren por sus servicios en la sanación mental y en la sanación pránica en todas sus formas, ya que dedican su tiempo y esfuerzo a este trabajo. "El obrero es digno de su salario". No existe ningún deseo de criticar tales cobros, ya que ellos venden sus servicios, al igual que nosotros vendemos estas lecciones, y tienen derecho a una remuneración justa, al igual que nosotros. Sin embargo, la persona que posee el verdadero don de la sanación espiritual nunca se encuentra en una posición en la que necesite cobrar por sus servicios. Esta persona es alimentada por los cuervos y no tiene la necesidad de intercambiar sus dones espirituales, preferiría morir antes que prostituir su privilegio divino de esa manera. No queremos ser malinterpretados en este asunto, cuando hablamos de sanación espiritual nos referimos a los verdaderos dones del Espíritu, no a algunas de las formas de sanación psíquica o mental, erróneamente llamadas "espirituales". Si deseas tener un ejemplo de la verdadera sanación espiritual, puedes acudir al Nuevo Testamento y leer sobre la obra del Espíritu manifestada a través del Hijo de María. Que esa sea la norma, como de hecho lo es.

## Sanación Experimental

Nos complace tener suficiente espacio para proporcionar a nuestros estudiantes algunos breves ejercicios de sanación oculta que pueden practicar. Por supuesto, estos experimentos se brindan únicamente como ejemplos y no deben considerarse instrucciones completas en las diversas formas de sanación oculta.

Comenzaremos con algunos experimentos en sanación pránica, o "sanación magnética", si prefieres el término:

(1) Deja que el paciente se siente en una silla mientras te pones de pie frente a él. Deja que tus manos caigan libremente a los costados y muévelas de un lado a otro durante unos segundos hasta que sientas un hormigueo en las puntas de tus dedos. Luego, levanta las manos hasta la

altura de la cabeza del paciente y deslízalas lentamente hacia sus pies, con las palmas hacia él y los dedos extendidos, como si estuvieras transmitiendo energía desde las puntas de tus dedos hacia él. A continuación, retrocede un paso y eleva tus manos nuevamente hacia la altura de su cabeza, asegurándote de que las palmas de tus manos se miren entre sí mientras las elevas, ya que si las subes en la misma posición en la que las bajaste, atraerías hacia ti el magnetismo que envías hacia él. Luego repite varias veces. Al bajar las manos, mantén los músculos relajados y permite que los brazos y las manos estén sueltos. Puedes tratar las áreas afectadas del cuerpo de la misma manera, finalizando el tratamiento empapando todo el cuerpo con magnetismo. Después de tratar las partes afectadas, es recomendable que agites los dedos lejos de tu cuerpo, como si estuvieras sacudiendo gotas de agua que se hubieran adherido a tus dedos. De lo contrario, podrías absorber algunas de las afecciones del paciente. Este tratamiento es muy fortalecedor para el paciente y, si se practica con frecuencia, le beneficiará enormemente.

En caso de problemas crónicos o de larga duración, el problema a menudo puede "aflojarse" realizando movimientos "laterales" ante la parte afectada, es decir, colocándote de pie frente al paciente con las manos juntas y las palmas tocándose, y luego balanceando los brazos hacia los lados varias veces. Este tratamiento siempre debe ir seguido de movimientos hacia abajo para equilibrar la circulación.

(2) En el Capítulo XIV de "La Ciencia de la Respiración", hemos dado una serie de valiosos experimentos en esta forma de sanación, los cuales recomendamos al estudiante estudiar y practicar en caso de que esté interesado en esta área del tema.

(3) Para aliviar los dolores de cabeza, puedes hacer que el paciente se siente frente a ti mientras tú te colocas detrás de su silla y pasas tus manos, con los dedos hacia abajo y separados, en círculos dobles sobre la parte superior de su cabeza, sin tocarla. Después de unos segundos, sentirás realmente el paso del magnetismo desde tus dedos y el dolor del paciente comenzará a aliviarse.

(4) Otro método efectivo para aliviar el dolor en el cuerpo es colocarte frente al paciente y presentar tu palma a la parte afectada, manteniéndola a varios centímetros de distancia del cuerpo. Deja la palma quieta durante unos segundos y luego comienza un movimiento lento y circular sobre el área dolorida. Esto proporciona estimulación y ayuda a restaurar las condiciones normales.

(5) Apunta con el dedo índice hacia la parte afectada, a unos centímetros de distancia del cuerpo, y mantén el dedo apuntando de forma constante mientras mueves la mano alrededor como si estuvieras perforando un agujero con la punta del dedo. A menudo, esto activará la circulación en la zona afectada y mejorará las condiciones.

(6) Coloca las manos en la cabeza del paciente, sobre las sienes, y mantenlas allí durante un tiempo, tiene un

efecto beneficioso y es una forma popular de este tipo de tratamiento.

(7) Masajear el cuerpo del paciente (sobre la ropa) tiende a estimular y equilibrar la circulación, y aliviar la congestión.

(8) Gran parte del valor del masaje y otras formas de tratamiento manipulativo, proviene del Prana que el sanador proyecta hacia el paciente durante el proceso de friccionar y manipular. Si el masaje y la manipulación se realizan con el deseo consciente del sanador de dirigir el flujo de Prana hacia el paciente, se obtiene un flujo aumentado significativamente. Si se combina la práctica con una respiración rítmica, como se explica en la "Ciencia de la Respiración", el efecto es aún mejor.

(9) La práctica de respirar sobre la parte afectada se lleva a cabo en varias culturas y suele ser un método poderoso para transmitir Prana a esa área. Con frecuencia, esto se realiza colocando un trozo de tela de algodón entre la piel de la persona y el sanador, y al respirar, el aliento calienta la tela, lo que agrega el estímulo adicional del calor junto con los otros efectos.

(10) Los sanadores magnéticos a menudo emplean agua magnetizada y se han reportado muchos resultados positivos utilizando este método. La forma más simple de magnetizar el agua es sosteniendo el vaso con la mano izquierda por la base y luego, juntando los dedos de la mano derecha, agitarlos suavemente sobre el vaso de agua como si estuvieras dejando caer gotas de agua en el vaso desde las puntas de los dedos. Puedes aumentar el efecto realizando después movimientos descendentes sobre el

vaso con la mano derecha, transfiriendo así el Prana al agua. La respiración rítmica ayudará a transferir el Prana al agua. El agua así cargada con Prana es estimulante para las personas enfermas o que sufren debilidad, especialmente si la beben lentamente, manteniendo su mente en una actitud receptiva, y si es posible, formando una imagen mental del Prana del agua siendo absorbido por el sistema y fortaleciéndolos.

Ahora abordaremos algunos experimentos en las diferentes formas de sanación mental o sanación psíquica, como algunos prefieren llamarla.

(1) La autosugestión consiste en sugerirse a uno mismo las condiciones físicas que se desean lograr. Para practicar la autosugestión, es importante hablar las afirmaciones en voz alta o en silencio como si se estuviera hablando con otra persona, de manera sincera y seria, permitiendo que la mente forme una imagen mental de las condiciones mencionadas en las palabras. Por ejemplo: "Mi estómago es fuerte, fuerte, fuerte, capaz de digerir los alimentos que se le dan, capaz de asimilar los nutrientes de los alimentos, capaz de proporcionarme el alimento que significa salud y fuerza para mí. Mi digestión es buena, buena, buena, y estoy disfrutando, digiriendo y asimilando mi comida, convirtiéndola en rica sangre roja, que lleva salud y fuerza a todas las partes de mi cuerpo, construyéndolo y haciéndome una persona fuerte".

Del mismo modo, se pueden utilizar autosugestiones o afirmaciones similares, aplicadas a otras partes del cuerpo, y producirán resultados igualmente buenos, siempre y cuando se dirija la atención y la mente hacia esas partes. Esto provocará el envío de un mayor suministro de Prana a esas áreas y la creación de la condición imaginada. Entra en el espíritu de las autosugestiones y toma en serio el proceso y, en la medida de lo posible, forma la imagen mental de la condición saludable deseada. Visualízate como deseas ser. Puedes ayudar en la sanación tratándote a ti mismo, mediante la utilización de los métodos descritos en los experimentos de sanación pránica.

(2) La sugestiones de sanación aplicadas a otros funcionan bajo el mismo principio que las autosugestiones descritas anteriormente, excepto que el sanador debe impresionar en la mente del paciente las condiciones deseadas en lugar de que el paciente lo haga por sí mismo. Se pueden obtener resultados mucho mejores cuando el sanador y el paciente cooperan en la imagen mental, y cuando el paciente sigue las sugestiones del sanador en su mente y forma la imagen mental implicada por las palabras del sanador. El sanador sugiere lo que desea lograr y el paciente permite que las sugestiones penetren en su Mente Instintiva, donde son asimiladas y se manifiestan después en resultados físicos. Los mejores practicantes de técnicas de sugestión son personas vitales que envían pensamientos vigorosos cargados de Prana al organismo del paciente mientras dan las sugestiones. En la sanación mental, a menudo se entrelazan varios métodos, y el estudiante descubrirá esto al analizar los tratamientos por sí mismo. La Mente Instintiva puede haber adquirido malos hábitos de

atención al cuerpo debido a que la persona se ha alejado del modo de vida natural y ha hecho que la Mente Instintiva adopte estos hábitos incorrectos. La sugestión y la autosugestión devuelven a la Mente Instintiva su funcionamiento normal y el cuerpo recupera rápidamente su armonía anterior. En muchos casos, todo lo que se necesita en el tratamiento sugestivo es aliviar la mente del paciente del miedo, la preocupación y los pensamientos deprimentes, que han interferido con la armonía adecuada del cuerpo y han impedido la distribución adecuada de Prana en las partes afectadas. Eliminar estos pensamientos perjudiciales es similar a eliminar una mota de polvo que ha interferido con el adecuado funcionamiento de nuestro reloj, desordenando la armonía de su delicado mecanismo. El miedo, la preocupación y el odio, junto con sus emociones relacionadas, son responsables de una mayor desarmonía física que prácticamente todas las demás causas combinadas.

(3) En lo que se llama estrictamente Sanación Mental, el paciente se sienta en una postura relajada y permite que la mente se vuelva receptiva. El sanador proyecta entonces hacia el paciente pensamientos fortalecedores y elevados, los cuales, al interactuar con la mente del paciente, lo ayudan a liberarse de sus condiciones negativas y a asumir su equilibrio y poder normales. Como resultado, tan pronto como la mente del paciente recupera su equilibrio, se fortalece y activa el poder de recuperación en el organismo, enviando un suministro incrementado de Prana a todas las partes del cuerpo y

dando el primer paso hacia la recuperación de la salud y la fuerza.

El principio fundamental de la sanación mental consiste en poner la mente del paciente en la condición adecuada, lo cual, naturalmente, debe ir acompañado de condiciones físicas beneficiosas y normales. Sin embargo, los mejores sanadores mentales hacen más que esto: a menudo de manera inconsciente, envían un pensamiento positivo altamente cargado de Prana directo al punto afectado y realmente producen un cambio físico en el organismo del paciente, independientemente de lo que logren mediante su propia fuerza mental.

Al tratar a un paciente de esta manera, mantén firme en tu mente el pensamiento de que se está restableciendo la armonía física en el paciente, que la salud es su condición normal y que todos los pensamientos negativos están siendo expulsados de su mente. Imagínalo como alguien fuerte y saludable tanto en mente como en cuerpo. Visualiza que todas las condiciones que deseas establecer están presentes en su interior. Luego, concéntrate y dirige de manera firme hacia su cuerpo, o hacia la parte afectada, un pensamiento penetrante y poderoso cuyo propósito es lograr el cambio físico deseado, eliminando las condiciones anormales y restableciendo las condiciones y el funcionamiento normales. Forma la imagen mental de que el pensamiento está completamente cargado de Prana y dirígelo rápidamente hacia la parte afectada mediante un esfuerzo de la voluntad. Por lo general, se requiere práctica para lograr este último resultado, pero a algunos les parece que se logra sin mucho esfuerzo.

(4) La sanación a distancia, o "tratamiento ausente", se realiza exactamente de la misma manera que el tratamiento cuando el paciente está presente. En el Capítulo XIV de "La Ciencia de la Respiración" hemos proporcionado algunas pautas sobre esta forma de tratamiento, que, junto con lo mencionado anteriormente, debería brindar una comprensión básica del tema. Algunos sanadores forman la imagen mental del paciente sentado frente a ellos y luego proceden a dar el tratamiento, como si el paciente estuviera realmente presente. Otros forman la imagen mental de proyectar el pensamiento, visualizándolo como si saliera de su mente y atravesara el espacio para entrar en la mente del paciente. Otros simplemente se sientan en una actitud pasiva y contemplativa, y piensan intensamente en el paciente, sin tener en cuenta el espacio que los separa. Algunos prefieren tener un pañuelo u otro objeto que pertenezca al paciente para establecer una conexión más perfecta. Cualquiera de estos métodos es bueno, el temperamento y las inclinaciones personales pueden hacer que se prefiera un método en particular. Sin embargo, todos ellos se basan en el mismo principio.

Un poco de práctica a lo largo de las líneas de las diversas formas de sanación que acabamos de mencionar dará al estudiante confianza y comodidad en la operación del poder curativo, hasta el punto en que, a menudo, irradiará dicho poder sin ser plenamente consciente de ello. Si se efectúa un trabajo de sanación frecuente y el corazón del sanador está comprometido con su labor, pronto será capaz de sanar casi automática e involuntariamente cuando se encuentra en presencia de alguien que está sufriendo. No obstante, el sanador debe tener cuidado de no agotarse a sí mismo de Prana, y dañar su propia salud. Es importante que estudie los métodos que hemos proporcionado para recargarse y protegerse contra el agotamiento indebido de su vitalidad. Además, debe avanzar gradualmente en estos asuntos, recordando que el crecimiento forzado no es deseable.

Esta lección no ha sido escrita con el propósito de aconsejar a nuestros estudiantes que se conviertan en sanadores. Deben usar su propio juicio e intuición con respecto a ese asunto. Hemos dedicado esta lección al tema porque forma parte del tema general que tratamos en este curso, y es importante que los estudiantes tengan conocimiento sobre los principios subyacentes a las diversas formas de sanación. Les recomendamos analizar cualquier forma de tratamiento que presencien o escuchen, despojándola de todas las teorías fantásticas que se han construido en torno a ella, para poder clasificarla y estudiarla sin aceptar automáticamente la teoría de la persona que realiza la sanación. Es importante recordar que todas las sectas y escuelas utilizan el mismo principio en la sanación, pero atribuyen los resultados a teorías y creencias muy diferentes.

En cuanto a nosotros, nos adherimos a los principios del "Hatha Yoga", que enseña la doctrina de preservar la salud mediante una vida correcta y un pensamiento correcto. Consideramos que todas las formas de sanación son necesarias solo debido a la ignorancia y la desobediencia humana hacia las leyes naturales. Sin embargo, mientras las personas no vivan y piensen adecuadamente, algunas formas de sanación son necesarias. Por lo tanto, es importante estudiarlas. El ocultista avanzado considera la preservación de la salud como algo más importante para la humanidad que la cura de enfermedades, creyendo en el antiguo adagio de que "es mejor prevenir que curar". Pero mientras podamos beneficiar a nuestros semejantes, es beneficioso que tengamos conocimiento sobre el tema de la terapéutica ocultista. Es una de las fuerzas de la naturaleza y debemos saber cómo utilizarla.

# INFLUENCIA PSÍQUICA

Una de las cosas que han desconcertado a los investigadores científicos y a los estudiantes de la historia de la humanidad es la persistente recurrencia de historias, leyendas y tradiciones relacionadas con la posesión y práctica de alguna forma de influencia psíquica, presentes en personas de todas las razas y en todas las épocas. Al principio, resultó fácil para los investigadores descartar las formas más primitivas de estas historias, argumentando que eran simplemente el resultado de la superstición entre personas sin educación y poco desarrolladas. Sin embargo, al adentrarse en la historia, descubrieron que la superstición persistía en su fuerza original y que sus formas se multiplicaban en número y variedad. Desde las repulsivas prácticas vudú del salvaje africano se puede trazar una línea directa hasta la epidemia de brujería en Nueva Inglaterra, y desde allí hasta el presente, cuando el mundo occidental parece haberse sumergido en la fascinación por lo "psíquico". Los periódicos están repletos de relatos sensacionalistas sobre influencia mesmérica, hipnotismo, magnetismo personal, y más. Los libros de todas las épocas están llenos de historias sobre influencia psíquica, y la Biblia contiene varios casos de su práctica, tanto para el bien como para el mal.

En la actualidad, es común que se llame la atención hacia los casos maravillosos del poder de la mente, el magnetismo personal, entre otros. Se escucha con frecuencia la expresión de que alguien tiene o carece de "magnetismo personal" o que es o no es "magnético". Se han escrito muchos disparates sobre este tema y se han presentado afirmaciones y teorías descabelladas al respecto. No obstante, la verdad en sí misma es mucho más asombrosa que las ficciones más extravagantes que se han escrito y enseñado sobre ello. Debajo de todas las nociones populares y conceptos erróneos acerca de la influencia psíquica, hay una base sólida de hechos, la mayoría de los cuales son desconocidos, incluso para muchas personas que han estado alimentando el gusto del público por el sensacionalismo.

Es casi innecesario mencionar que las culturas orientales han conocido y practicado, durante siglos, diversas formas de ocultismo y, de hecho, han poseído los secretos que los investigadores occidentales han estado tratando de descubrir con tanto esfuerzo. Fragmentos de este conocimiento se han filtrado y han sido aprovechados ávidamente por escritores occidentales, quienes los han utilizado como base para realizar afirmaciones y teorías sorprendentes.

Gran parte de este conocimiento oculto seguirá permaneciendo oculto en los años venideros, y debe hacerlo, debido al estado subdesarrollado de la humanidad y a la falta de preparación general de las personas para esta sabiduría secreta. Difundir incluso una pequeña parte de ciertas enseñanzas ocultas entre el público en general sería verdaderamente peligroso en este momento y traería una de las mayores maldiciones conocidas por la humanidad. Esto no se debe a que haya algo incorrecto en las enseñanzas en sí, sino debido al egoísmo presente en la mayoría de las personas. Si se les diera acceso a este conocimiento, pronto lo utilizarían para su propio beneficio y fines personales, perjudicando a sus semejantes. Esto no les serviría de nada si toda la raza supiera lo suficiente del tema, si hubiera avanzado lo suficiente intelectual y espiritualmente como para comprender y asimilar estas enseñanzas, y así poder protegerse de los intentos egoístas de sus hermanos y hermanas sin escrúpulos. Porque, como todos los ocultistas saben, ningún tipo de magia negra puede afectar a aquellos hombres y mujeres que conocen su verdadero lugar en la naturaleza y sus verdaderos poderes para resistir las prácticas de aquellos que han obtenido fragmentos de conocimiento oculto sin el crecimiento espiritual que les enseñaría cómo utilizarlo de manera correcta. Sin embargo, la persona promedio de hoy en día no es consciente, ni se convencerá, de su propio poder y, por lo tanto, es incapaz de protegerse de los intentos psíquicos de aquellos que han adquirido algunos fragmentos de las enseñanzas ocultas y los están utilizando con fines egoístas.

El uso indebido del poder psíquico ha sido conocido desde hace mucho tiempo por los ocultistas como "Magia Negra". Esto está lejos de ser un vestigio de la superstición de la Edad Media, sino que es una realidad que se practica en gran medida en la actualidad. Aquellos que se dedican a esta práctica están sembrando las semillas de su propio castigo, ya que cada pizca de fuerza psíquica utilizada para fines bajos y egoístas, sin duda, rebotará y se volverá en su contra. Sin embargo, estas personas están influyendo en los demás para obtener algún beneficio material o placer, y el público está siendo engañado por tales personas, aunque se ríe de la idea — consideran el asunto como una broma— y considera a aquellos que enseñan la verdad como visionarios extravagantes o mentalmente débiles.

Afortunadamente, aquellos que abusan de los poderes psíquicos tienen un conocimiento relativamente limitado sobre el tema y solo pueden utilizar las formas más simples. Sin embargo, cuando se encuentran con personas completamente ignorantes sobre el tema, pueden lograr más o menos sus objetivos con sus artes. Muchas personas descubren, a veces por accidente, que pueden influir en los demás para que hagan su voluntad, pero al no conocer la fuente de su poder, a menudo lo utilizan de la misma manera que usarían cualquier poder físico o fuerza mental. No obstante, por lo general, estas personas gradualmente adquieren conocimientos que las llevan a una mejor comprensión del tema (según las leyes ocultas bien establecidas) y comienzan a darse cuenta de su error. Otros adquieren un poco de conocimiento oculto y lo ponen a prueba en "los demás", y al ver los efectos, se involucran en el camino de la "Magia Negra", aunque apenas entienden lo que están haciendo. Estas personas también reciben advertencias de diversas formas y se les brinda todas las oportunidades para corregir su error. Otros parecen comprender algo del riesgo que están tomando, pero lo asumen voluntariamente, fascinados por su nuevo sentido de poder y cegados por él.

A ninguna de estas personas se le permite llevar demasiado lejos su trabajo egoísta, ya que hay influencias que actúan para contrarrestar sus esfuerzos. Además, es importante recordar que un poco de bien siempre contrarresta una gran cantidad de trabajo psíquico egoísta, lo cual es una antigua verdad oculta.

Más allá de esta pequeña parte de "Magia Negra" elemental, de la cual hemos hablado, más bien a modo de advertencia y precaución, hay muchas personas que poseen facultades que las convierten en poderes entre sus semejantes, y su influencia se percibe en la vida cotidiana, de manera similar a cómo se siente la influencia de un hombre físicamente fuerte en un grupo de personas más débiles. Basta con observar a las personas conocidas para darse cuenta de que algunas ejercen una mayor influencia que otras. Algunos son naturalmente reconocidos como líderes y maestros, mientras que otros tienden a asumir naturalmente el papel de seguidores. Estas personas fuertes y positivas se destacan en el mundo empresarial, en el ámbito legal, en el púlpito, en la práctica médica y en todos los aspectos de la vida y en todas las áreas del esfuerzo humano. Observamos este hecho y hablamos de que ciertas personas poseen un gran "magnetismo personal", mientras que otras carecen de él. Pero, ¿qué queremos decir exactamente con "magnetismo personal"? ¿Alguien puede dar una respuesta inteligente? Han surgido numerosas teorías para explicar este fenómeno y se han propuesto numerosos planes para desarrollar este "poder". En los últimos años, han surgido muchos maestros que afirman haber descubierto este secreto y ofrecen enseñarlo a todos los interesados, a cambio de una cierta cantidad de dinero. Se han realizado muchos anuncios sensacionales para atraer a compradores de "cursos" de instrucción, apelando a motivos egoístas para despertar el interés en lo que se ofrece. En la mayoría de los casos, estos maestros prácticamente no tienen nada que ofrecer ni enseñar, mientras que, en algunos pocos casos, han desarrollado suficiente conocimiento sobre el tema para brindar instrucciones que permiten adquirir cierto grado de poder psíquico y obtener influencia sobre los ignorantes y débiles de la raza. Pero, afortunadamente, la mayoría de aquellos que adquieren estas enseñanzas no tienen suficiente confianza en sí mismos ni en las enseñanzas como para poner en práctica siquiera las enseñanzas relativamente escasas que se les han dado. No obstante, unos pocos tienen suficiente confianza en sí mismos para llevar a cabo estos planes y pueden hacer un daño considerable debido a su uso ignorante y egoísta de poderes que están destinados a usos elevados. Todas estas cosas desaparecerán a medida que la raza avance en el conocimiento y comprensión de las verdades ocultas. Mientras tanto, aquellos que realmente comprenden el tema están haciendo lo posible para educar a la humanidad en sus principios, para que puedan protegerse psíquicamente y no se sientan tentados a utilizar de manera egoísta los poderes superiores.

El hombre o la mujer de crecimiento y desarrollo espiritual puede sonreír ante los esfuerzos de aquellos que se aventuran en la "magia negra", al menos en lo que respecta al temor de cualquier daño personal o efecto sobre sí mismos. Una persona así se eleva a un plano superior al cual los esfuerzos del ocultista egoísta no pueden penetrar. En el transcurso de esta lección, daremos al estudiante una idea general de las diversas formas de influencia psíquica que se utilizan comúnmente. Al final de la lección, también abordaremos el tema de la autoprotección.

Es importante destacar claramente que en esta lección no se intentará revelar conocimientos ocultos que puedan proporcionar al lector casual un arma para ser utilizada con fines egoístas. El propósito de esta lección es la autoprotección de aquellos que la leen, no el fomento de un conocimiento de "magia negra", ni siquiera en sus formas elementales. Queremos advertir seriamente a aquellos que lean lo que escribiremos sobre este tema, que hablamos en serio en lo que respecta al uso egoísta del conocimiento oculto. Si las personas supieran tan siquiera una parte de los problemas que pueden atraer sobre sí mismas mediante prácticas ocultas inadecuadas, abandonarían el tema tan rápidamente como lo harían con una serpiente venenosa que cobrara vida por el calor de sus manos. Los poderes ocultos están destinados a ser utilizados de manera apropiada y para la protección de la humanidad, no para su mal uso o abuso. Al igual que jugar con los cables de un generador eléctrico, interferir con estos poderes puede resultar perjudicial para aquellos que no prestan atención a la advertencia.

Aunque muchos escritores occidentales lo niegan, todos los verdaderos ocultistas saben que todas las formas de influencia psíquica, incluyendo lo que se llama "Magnetismo Personal", "Mesmerismo", "Hipnotismo", "Sugestión", etc., son simplemente diferentes manifestaciones de la misma cosa. Aquellos que nos han seguido en nuestras lecciones precedentes pueden imaginarse fácilmente lo que es esta "cosa". Es el poder de la mente del individuo, operado según las líneas mencionadas en nuestras lecciones precedentes. Confiamos en que el estudiante se haya familiarizado con lo que hemos dicho sobre "La Mente Instintiva", "Dinámica del Pensamiento", "Telepatía", "Formas de Pensamiento", etc., así como la potencia del Prana, para que pueda entender esta lección sin demasiadas repeticiones.

La influencia psíquica, y con esto nos referimos a todas sus formas, ¿qué significa? ¿en qué consiste? ¿cómo se pone en funcionamiento? ¿cuál es su efecto? Intentemos responder a estas preguntas.

Debemos comenzar con la Mente Instintiva, uno de los siete principios del ser humano. Como hemos mencionado anteriormente (en la Lección 2) este es un plano de actividad mental compartido por nosotros con los animales inferiores, al menos en sus formas más básicas. Es la primera forma de actividad mental alcanzada en la escala de la evolución y, en sus etapas más bajas, se manifiesta completamente a lo largo de líneas subconscientes. Sus comienzos se observan en la vida mineral, manifestándose aquí en la formación de cristales, entre otros. En las formas de vida vegetal más bajas, su manifestación es débil y apenas está un grado por encima de lo manifestado por los minerales. A través de etapas simples y progresivas, se vuelve más definida y se eleva en la escala, en la vida vegetal, hasta que llega a manifestar una forma rudimentaria de conciencia en algunas formas superiores de plantas. En el reino de los animales inferiores, la Mente Instintiva se manifiesta en diferentes grados, desde una inteligencia casi similar a la de las plantas, en las formas más bajas de vida animal, hasta una inteligencia casi humana en algunos animales superiores. Luego, en las formas inferiores de vida humana, la encontramos apenas separada de su expresión más elevada en los animales inferiores. A medida que ascendemos en la escala, vemos que la Mente Instintiva se ve sombreada, coloreada e influenciada por el quinto principio, el Intelecto, hasta que alcanzamos la forma más elevada de ser humano conocida por nosotros en este momento, donde el intelecto asume el control, afirmando su posición correcta e influenciando al principio inferior solo para el bien, y evitando los errores del individuo menos desarrollado que vierte autosugestiones perjudiciales en la Mente Instintiva y se perjudica a sí mismo.

En esta consideración de la Mente Instintiva, debemos pasar por alto su magnífico trabajo en la supervisión del cuerpo físico y otras manifestaciones. Nos limitaremos específicamente al papel que desempeña la Mente Instintiva en la influencia psíquica, un papel muy importante, por cierto, ya que sin la Mente Instintiva no podría haber operación de influencia psíquica, ya que no habría nada sobre lo que actuar. La Mente Instintiva es el instrumento sobre el que actúa la influencia psíquica. A menudo, hablamos como si el intelecto de una persona fuera influenciado de esta manera, pero esto es incorrecto. La persona es influenciada a pesar de su intelecto, no a través de él. La influencia se graba tan profundamente en la Mente Instintiva que esta actúa sin tener en cuenta las protestas del intelecto, como muchas personas posteriormente recuerdan con pesar. Son numerosas las personas que, en sus propias palabras, "lo sabían todo el tiempo, pero lo hicieron de todos modos".

Comenzaremos con lo que comúnmente se conoce como "sugestión", la cual constituye la base de todas las formas de influencia psíquica, ya sea en persona o a distancia. Por sugestión nos referimos a la capacidad de influir o controlar los pensamientos y acciones de otra persona mediante un comando positivo, o una insinuación sutil del pensamiento deseado, o cualquier cosa que se encuentre en algún punto intermedio. La sugestión personal es bastante común en la vida diaria. De hecho, constantemente damos y recibimos sugestiones, ya sea de manera consciente o inconsciente, y es difícil evitar dar y recibir sugestiones al interactuar con otras personas: al escuchar sus voces o al leer lo que han escrito o impreso. Sin embargo, estas sugestiones cotidianas son relativamente poco significativas y carecen de la fuerza que tiene una sugestión consciente y deliberada por parte de alguien que comprende el "Arte de la Sugestión". Ahora, analicemos cómo y por qué se reciben las sugestiones y se actúa en consecuencia.

Como mencionamos anteriormente, en las primeras formas de vida, la Mente Instintiva trabajaba sola, sin la influencia del Intelecto (ya que aún no se había desarrollado), y funcionaba de manera completamente inconsciente, similar a la vida vegetal. A medida que se ascendía en la escala de la evolución, el animal empezó a ser vagamente consciente, a "darse cuenta" de las cosas y a realizar un razonamiento primitivo sobre ellas. Para protegerse de sus enemigos, el animal debía ser guiado por la conciencia rudimentaria que comenzaba a desplegarse y que se manifestaba a través de la Mente Instintiva. Algunos animales progresaron más rápidamente que otros de su especie y, naturalmente, comenzaron a imponerse y a mostrar su poder peculiar; se encontraron a sí mismos pensando por sus compañeros. Se les reconocía como aquellos a quienes acudir en caso de peligro o escasez de alimentos, y su liderazgo era generalmente reconocido y seguido. Surgieron líderes en manadas y rebaños, y esto no se debía únicamente a su fuerza física, como comúnmente se enseña en los libros de texto, sino también a su superioridad mental, que podría describirse como "astucia". El animal "astuto" era rápido para reconocer el peligro y tomar medidas para evitarlo, rápido para descubrir nuevas formas de obtener comida y vencer al enemigo común o a la presa. Cualquiera que haya estado cerca de animales domésticos o que haya estudiado las costumbres de los animales salvajes que se agrupan juntos entenderá exactamente lo que queremos decir. Los pocos lideraban y dirigían, mientras que los muchos los seguían ciegamente y eran guiados por ellos.

A medida que avanzaba el desarrollo y el ser humano evolucionaba, se repetía la misma situación: los líderes se destacaban y eran obedecidos. A lo largo de toda la historia de la humanidad, hasta el día de hoy, esta situación persiste. Unos pocos lideran, mientras que la mayoría sigue. El ser humano es un animal obediente e imitativo. La gran mayoría de las personas son como ovejas: si se les presenta un "carnero guía", seguirán gustosamente el tintineo de la campana.

Sin embargo, hay un hecho de suma importancia que debemos tener en cuenta: no siempre es la persona con el mayor grado de lo que llamamos "logro intelectual", educación o "aprendizaje de libros" quien lidera a los demás. Por el contrario, muchas veces estas personas son los seguidores más fervientes de los líderes. La persona que lidera es aquella que siente en su interior algo que se puede llamar una conciencia de poder, una conciencia de la verdadera fuente de fuerza y poder que está detrás y dentro de ella. Esta "conciencia" puede no ser reconocida ni comprendida por el intelecto, pero de alguna manera el individuo siente que tiene poder y fuerza, o que está en conexión con una fuente de poder y fuerza que puede utilizar. Por lo tanto (hablando en términos de la persona promedio), se atribuye a sí misma el mérito de esta conciencia y comienza a emplear su poder. Siente la realidad de la palabra "Yo". Se percibe como un individuo, como una entidad real, y de manera instintiva procede a imponerse. Por lo general, estas personas no comprenden la fuente de su poder, pero para ellas es una cuestión de "sentimiento" y lo utilizan de forma natural. Influyen en los demás sin entender "cómo", y a menudo se preguntan ¿de dónde viene todo esto? ¿Cómo se produce? Veámoslo.

Observemos a las personas que son influenciadas. ¿Qué parte de su mecanismo mental se ve afectada? Por supuesto, es la Mente Instintiva. Entonces, ¿por qué la Mente Instintiva de algunas personas se ve afectada con mayor facilidad que en otros casos? Ahí radica el punto clave, y es lo que debemos investigar.

En su estado original y durante el proceso de evolución, la Mente Instintiva no era influenciada de esta manera, ya que no existía nada que pudiera ejercer influencia sobre ella. Sin embargo, a medida que el ser humano se desarrollaba, aquellos individuos que tomaban conciencia de su "individualidad" y de su verdadero poder comenzaron a imponerse, y sus propias mentes instintivas y las mentes instintivas de los demás empezaron a verse influenciadas. La persona cuya conciencia de individualidad, cuya percepción del "Yo", está ampliamente desarrollada, inevitablemente influye en la Mente Instintiva de aquellos cuya conciencia no está tan plenamente desarrollada. La Mente Instintiva de aquellos que son menos conscientes capta y actúa según las sugestiones del "Yo" más fuerte, y también permite que las ondas de pensamiento de este último la impacten y sean absorbidas.

Recuerda una vez más que no es la persona de logros puramente intelectuales, cultura o "aprendizaje" quien tiene esta conciencia, aunque ciertamente, cuanto más alto sea el nivel intelectual de la persona, mayor será el alcance del poder de su "Yo" consciente. Se ha observado que tanto las personas sin educación como las más instruidas poseen este poder. Aunque aquellos con una educación y formación deficiente no pueden aprovechar su poder hasta el grado posible para su hermano más favorecido, aun así, ejercen influencia sobre todos los de su "clase" y también sobre aquellos con facultades intelectuales superiores a las suyas. No se trata de educación ni de razonamiento abstracto, es una cuestión de "conciencia". Aquellos que la poseen sienten de alguna manera el "Yo" dentro de ellos, y aunque a menudo conduce a un grado absurdo de egoísmo, vanidad y arrogancia, una persona que posee esta conciencia, en cualquier medida, inevitablemente influye en los demás y se abre camino en el mundo. A la manifestación de esta conciencia, el mundo le ha dado el nombre de "confianza en sí mismo", entre otros. La reconocerás fácilmente si reflexionas por un momento y observas a tu alrededor. Por supuesto, hay muchos grados de esta conciencia y, manteniendo todo lo demás igual, una persona ejercerá influencia sobre los demás en la medida en que posea este poder. Esta conciencia puede ser desarrollada y aumentada. Sin embargo, es inferior a la conciencia de aquellos hombres y mujeres que han alcanzado un desarrollo o logro espiritual, cuyos poderes superan ampliamente esta conciencia en el plano mental.

Regresemos a nuestro tema sobre cómo es influenciada la Mente Instintiva. Aquella persona cuya conciencia del "Yo" está suficientemente desarrollada sugestiona a su propia Mente Instintiva y esta última, naturalmente, ve a su amo como la única fuente de órdenes o instrucciones. Sin embargo, aquel que no posee esta conciencia ha dado débiles órdenes de este tipo, y su Mente Instintiva no ha sido impregnada con la confianza que debería tener. Observa que su amo frecuentemente (a menudo de manera inevitable) le permite recibir órdenes e instrucciones de otros, lo que hace que automáticamente adopte y actúe según cualquier sugestión enérgica proveniente del exterior. Estas sugestiones externas pueden ser verbales o transmitidas a través de ondas de pensamiento de los demás.

Muchas personas no tienen absolutamente ninguna confianza en su propio "Yo", son como ovejas humanas y naturalmente siguen a su líder. De hecho, se sienten infelices a menos que sean guiadas. Cuanto más enérgicas sean las órdenes, más dispuestas están a obedecer. Cualquier declaración que se les haga de manera positiva y autoritaria es aceptada y puesta en práctica. Estas personas viven bajo "la autoridad" y constantemente buscan "precedentes" y "ejemplos", necesitan a alguien en quien apoyarse.

En resumen, son mentalmente perezosas en cuanto al ejercicio de la conciencia del "Yo" y su desarrollo. Por lo tanto, no han afirmado su control sobre su Mente Instintiva, sino que la dejan abierta a las sugestiones e influencias de otros que, muy a menudo, están menos calificados para dirigirla que ellos mismos, pero que tienen un poco más de "confianza en sí mismos" y "seguridad", un poco más de conciencia del "Yo".

Ahora, veamos los medios por los cuales se ejerce influencia en la Mente Instintiva. Existen innumerables métodos y prácticas, tanto conscientes como inconscientes, que producen estos efectos, pero podemos agruparlos en tres categorías generales: (1) Sugestión Personal, (2) Influencia del Pensamiento, ya sea presente o a distancia, y (3) Influencia Mesmérica o Hipnótica. Estas tres formas se entrelazan entre sí y generalmente se combinan, pero es conveniente separarlas aquí para entenderlas mejor. Las abordaremos brevemente en orden.

Comencemos por considerar la Sugestión Personal. Esta es la más común, todos la practicamos constantemente, en mayor o menor grado, y todos estamos más o menos afectados por ella. Nos centraremos en las formas más destacadas de sugestión personal. Las sugestiones personales se transmiten a través de la voz, los modales, la apariencia, entre otros. La Mente Instintiva asume y acepta como verdad las palabras, la apariencia y los modales de una persona segura, y actúa en consecuencia, dependiendo de su grado de receptividad. Este grado de receptividad varía en las personas, y está relacionado con el nivel de desarrollo de su conciencia del "Yo", como hemos mencionado anteriormente. Cuanto mayor sea el grado de la conciencia del "Yo", menor será el grado de receptividad, a menos que la persona esté cansada, su atención esté distraída, esté desprevenida o se abra voluntariamente a la influencia de la mente o las palabras de otra persona.

Cuanto más positiva o autoritaria sea la sugestión, más fácilmente será aceptada por la Mente Instintiva, receptiva. La sugestión no afecta a una persona a través de su intelecto, sino a través de su Mente Instintiva. No opera mediante argumentos, sino mediante afirmaciones, demandas y órdenes. Las sugestiones adquieren fuerza cuando se repiten y, si una sola sugestión no logra influir en alguien, las sugestiones repetidas en la misma línea tienen un poder mucho mayor. Algunas personas han desarrollado una habilidad notable en el arte de la sugestión, por lo que uno debe estar alerta para no aceptar inconscientemente las sutiles sugestiones insinuadas en una conversación. Sin embargo, aquellos que reconocen la conciencia del "Yo", o mejor aún, del Ser Real y su relación con Todo, no tiene por qué temer el poder de los sugestionadores. Su Mente Instintiva está bien protegida y las sugestiones no pueden penetrar en ella, o incluso, si llegan a alojarse en la superficie externa de la mente, serán rápidamente detectadas y desechadas con una sonrisa de diversión. Sin embargo, una palabra de precaución: debes mantenerte alerta ante aquellos que intentan influir en ti no a través de argumentos o razones, sino mediante afirmaciones, supuesta autoridad, formas plausibles y un tono general de "darlo por hecho". También debes estar atento a aquellos que te hacen preguntas y las responden por ti de antemano, como por ejemplo: "Te gusta este diseño, ¿verdad?", o "Esto es lo que quieres, ¿no es así?". La sugestión y la afirmación suelen ir de la mano. Por lo general, puedes reconocer una sugestión por su compañía.

En segundo lugar, consideremos la influencia del pensamiento, tanto presente como a distancia. Como hemos explicado en lecciones anteriores, cada pensamiento genera la proyección de ondas de pensamiento de mayor o menor fuerza, tamaño y poder. También hemos explicado cómo se envían estas ondas de pensamiento y cómo son recibidas por otro individuo. Constantemente estamos recibiendo ondas de pensamiento, pero relativamente pocas nos afectan, ya que no están en armonía con nuestros propios pensamientos, estados de ánimo, carácter y gustos. Atraemos a nuestra conciencia interna solo aquellos pensamientos que están en sintonía con los nuestros. Sin embargo, si tenemos un carácter negativo y permitimos que nuestra Mente Instintiva funcione sin su verdadero amo y se vuelva demasiado receptiva, corremos el peligro de que acepte, asimile y actúe sobre las ondas de pensamiento pasajeras que nos rodean.

Hemos explicado la acción de las ondas de pensamiento en lecciones anteriores, pero no hemos señalado esta fase del asunto, prefiriendo abordarla aquí.

Cuando la Mente Instintiva está desprevenida, no solo se ve afectada por todo tipo de ondas de pensamiento pasajeras que flotan a su alrededor, sino que también está particularmente expuesta a ser influenciada por una onda mental fuerte, positiva y consciente dirigida hacia ella por otra persona que busca ejercer influencia sobre su dueño. Todo el que intenta influir en otra persona, ya sea para bien o para mal, lanza inconscientemente este tipo de ondas mentales con mayor o menor efecto. Algunos individuos, que han aprendido algunas verdades ocultas rudimentarias y las han utilizado de manera negativa en la magia negra, envían consciente y deliberadamente ondas de pensamiento hacia las personas a las que desean influir. Si la Mente Instintiva no está protegida por su verdadero dueño, es más propensa a verse afectada por estos esfuerzos provenientes de mentes egoístas y maliciosas.

Las historias de los tiempos de la brujería no son simplemente cuentos o supersticiones, sino que debajo de los relatos exagerados se encuentra una base de verdad oculta, fácilmente reconocida por el ocultista avanzado, como poder oculto rudimentario prostituido en la magia negra. Es importante destacar que toda la magia negra o brujería combinada del mundo no podría afectar a una persona que posea un nivel superior de conciencia. Sin embargo, una persona temerosa y supersticiosa, con poca o ninguna confianza en sí misma, sería propensa a tener una Mente Instintiva lista y madura para la entrada de tales ondas de pensamiento o formas de pensamiento perjudiciales. Todos los conjuros, hechizos, etc., de los vudús, las brujas, los hechiceros, etc., no tienen ninguna efectividad más allá del pensamiento enviado con su uso. El pensamiento se vuelve más poderoso debido a que se concentra mediante rituales, ceremonias, hechizos, imágenes, etc., realizados por los impíos devotos de la magia negra. Sin embargo, sería igual de poderoso si se concentrara mediante otros medios. No importa cómo se concentre o se envíe, no puede tener ningún efecto a menos que la Mente Instintiva esté lista para recibirlo, asimilarlo y actuar en consecuencia. El hombre o la mujer "que sabe" no debe temer estas prácticas. De hecho, la simple lectura de esta lección eliminará de muchas mentes la receptividad que podría haberles permitido, o les ha permitido, ser influenciados en mayor o menor medida por los pensamientos egoístas de otros. Esto no se debe a ninguna virtud de esta lección en sí (no afirmamos nada por el estilo), sino simplemente porque la lectura ha hecho que la mente del estudiante despierte a su propio poder y se imponga.

Recuerda, la mente atrae solo aquellos pensamientos que están en armonía con sus propios pensamientos. La Mente Instintiva se ve influenciada en contra de sus propios intereses solo cuando su propietario ha admitido su propia debilidad y falta de capacidad para controlarla y protegerla. Debes proteger tu propia Mente Instintiva y afirmar tu dominio y propiedad sobre ella. Si no lo haces, corres el riesgo de que otros más dominantes reclamen y usurpen esa propiedad. Dentro de ti, tienes la fuerza y el poder necesarios, solo debes afirmarlo y reclamarlo. Está a tu disposición, así que ¿por qué no lo exiges? Puedes despertar la conciencia del "Yo" y desarrollarla mediante el poder de la afirmación, lo cual contribuirá a su desarrollo. En las siguientes páginas, abordaremos más aspectos relacionados con este punto.

Ahora, consideremos la tercera forma de influencia psíquica, conocida como mesmerismo, hipnotismo, entre otros términos. Solo podemos tocar brevemente ese tema, ya que sus múltiples formas y fenómenos podrían llenar libros si se exploraran en detalle. Sin embargo, confiamos en que podemos explicarlo de forma clara y concisa, dado que has seguido nuestros pensamientos en esta y las lecciones anteriores.

Lo primero que hay que recordar es que el mesmerismo o hipnotismo es simplemente una combinación de los dos métodos mencionados anteriormente, junto con una mayor cantidad de Prana proyectada con la sugestión personal o la onda de pensamiento. En otras palabras, la sugestión o la onda de pensamiento se carga con Prana en mayor medida de lo habitual, lo que la hace mucho más fuerte que una sugestión o una onda de pensamiento común; al igual que una forma de pensamiento es más fuerte que una onda de pensamiento corriente. En resumen, el mesmerismo o hipnotismo es prácticamente sumergir a la persona en un flujo de formas de pensamiento, manteniéndolas estimuladas y activas mediante un suministro constante de Prana, a menudo conocido como "el fluido mesmérico". Es importante tener en cuenta que ninguna persona puede ser mesmerizada o hipnotizada a menos que su Mente Instintiva esté desprotegida o sin su dueño adecuado, a menos que la persona acepte ser hipnotizada y realmente consienta en ello. Por lo tanto, al final, todo se reduce al hecho de que ninguna persona necesita ser mesmerizada o hipnotizada a menos que esté dispuesta a ello o crea que puede serlo, lo que al final es lo mismo. El mesmerismo puede tener sus usos en manos de un ocultista avanzado que comprende sus leyes, pero en manos de aquellos que desconocen su uso adecuado, es algo que se debe evitar. Ten cuidado con dejarte hipnotizar por un aspirante ignorante. Afirma tu propio poder y serás capaz de lograr todo lo que cualquier otra persona pueda lograr en el mismo plano.

En el breve espacio del que disponemos, hemos abordado las diferentes formas de influencia psíquica y es posible que en el futuro tengamos la oportunidad de profundizar más en el tema contigo. Sin embargo, confiamos en haber proporcionado suficiente información para brindarte un conocimiento general del tema, al tiempo que te hemos advertido y brindado una precaución oportuna. Concluiremos señalando la importancia de la conciencia del Yo y su desarrollo, lo cual esperamos que leas con la atención que merece y pongas en práctica lo que se indica.

Por supuesto, existe un nivel de conciencia aún más elevado que la conciencia del "Yo": la conciencia espiritual que nos hace conscientes de nuestra relación y conexión con la fuente de todo poder. Aquellos que poseen esta conciencia superior están más allá de la influencia psíquica de los demás, ya que están rodeados por un aura que repele las vibraciones en un plano inferior. Estas personas no necesitan enfocarse en la conciencia del "Yo" porque está incluida en su conciencia superior. Sin embargo, para aquellos que se encuentran en el desarrollo del plano mental (y pocos han progresado más allá) resulta beneficioso desarrollar y desplegar la conciencia del "Yo": el sentido de individualidad. Te ayudará mucho el mantener en tu mente y meditar frecuentemente sobre el hecho de que eres un Ser real, que eres un Ego, una parte de la Vida Universal, apartada como un individuo para que puedas cumplir tu parte en el Plan Universal y progresar hacia formas más elevadas de manifestación. Que Tú eres independiente del cuerpo y solo lo utilizas como un instrumento; que Tú eres indestructible y tienes vida eterna; que Tú no puedes ser destruido por el fuego, el agua o cualquier otra cosa que el ser físico considere como algo que lo puede "matar"; que no importa lo que suceda con tu cuerpo, Tú sobrevivirás. Tú eres un alma que tiene un cuerpo (no eres un cuerpo que tiene un alma, como piensan y actúan la mayoría de las personas). Piensa en ti mismo como un ser independiente, utilizando el cuerpo como algo conveniente. Cultiva el sentimiento de inmortalidad y realidad, y gradualmente comenzarás a reconocer que realmente existes y siempre existirás. El miedo caerá de ti como un manto desechado, porque el miedo es realmente el pensamiento que debilita la Mente Instintiva mal protegida. Una vez te deshagas del miedo, el resto será fácil.

Hemos hablado sobre este tema en "La Ciencia de la Respiración", bajo el título de "Conciencia del Alma". En el mismo libro, bajo el título "Formando un Aura", hemos sugerido un plan mediante el cual las personas débiles y temerosas pueden protegerse mientras construyen una base sólida de confianza y fortaleza.

La afirmación o mantra que ha demostrado ser más beneficioso que cualquier otro en estos casos es la positiva afirmación de "Yo Soy". Esta afirmación expresa una verdad y fomenta una actitud mental que es adoptada por la Mente Instintiva, volviéndola más positiva hacia los demás y menos susceptible a sugestiones, entre otros aspectos. La actitud mental expresada por "Yo Soy" te rodeará con un aura de pensamiento que actuará como escudo y protección, hasta que hayas adquirido plenamente la conciencia superior, que lleva consigo un sentido de confianza en sí mismo y la seguridad de la fuerza.

A partir de este punto, desarrollarás gradualmente esa conciencia que te asegura que cuando dices "yo", no te refieres únicamente a la entidad individual con toda su fuerza y poder, sino que sabes que detrás del "yo" se encuentra el poder y la fuerza del Espíritu, y está conectado con un suministro inagotable de fuerza, al que se puede recurrir cuando sea necesario. Alcanzar este estado de conciencia te libera del miedo, ya que te elevas por encima de él. El miedo es la manifestación de la debilidad y, mientras nos aferremos a él y lo consideremos como un amigo íntimo, estaremos abiertos a las influencias de los demás. Sin embargo, al desechar el miedo, damos varios pasos hacia arriba en la escala y nos conectamos con el pensamiento fuerte, servicial, intrépido y valiente del mundo, dejando atrás todas las debilidades y problemas de la antigua vida.

Cuando el individuo comprende que nada puede dañarlo, realmente el miedo parece una tontería. Y cuando despierta al reconocimiento de su verdadera naturaleza y destino, sabe que nada puede hacerle daño y, por lo tanto, el miedo es descartado.

Bien se ha dicho: "No hay nada que temer, excepto al miedo" y en este epigrama se esconde una verdad que todos los ocultistas avanzados reconocerán. La eliminación del miedo coloca en manos del individuo un arma de defensa y poder que lo vuelve prácticamente invencible. ¿Por qué no aceptas este regalo que se te ofrece tan generosamente? Haz que tus palabras clave sean: "Yo Soy". "Yo Soy Libre y Sin Miedo".

# EL MUNDO ASTRAL

Al comienzo de esta lección, nos encontramos con una dificultad significativa que será evidente para aquellos estudiantes nuestros que se encuentren en un nivel avanzado en los estudios ocultistas. Nos referimos al tema de la descripción de los "planos" de existencia. El propósito de estas lecciones es brindar a los principiantes una idea clara y sencilla de los principios generales del ocultismo, sin tratar de conducirles a las etapas más complejas del tema. En la medida de lo posible, hemos procurado evitar el uso de tecnicismos y creemos haber cumplido de manera satisfactoria nuestra tarea de presentar los principios elementales de una manera sencilla. Nos complace saber que hemos despertado el interés de muchas personas en este estudio, quienes antes se habían abstenido de emprenderlo debido a la abundancia de descripciones técnicas y detalles complicados que encontraron en otros trabajos sobre el tema.

Por lo tanto, en esta lección sobre el mundo astral y en las tres lecciones siguientes, nos veremos obligados a tratar en generalidades, en lugar de entrar en descripciones detalladas y minuciosas, como sería necesario en una obra de "grado superior". En lugar de intentar describir exactamente qué es un "plano" y luego señalar las pequeñas diferencias entre "planos" y "subplanos", abordaremos todo el tema de los planos superiores de existencia bajo el término general de "El Mundo Astral". Con esto, incluiremos no solo las divisiones inferiores del Plano Astral, sino también algunos de los planos superiores de la vida. Este enfoque puede ser objetado por aquellos que han seguido otros cursos de lectura sobre el tema, en los cuales solo se ha denominado de esta manera al Plano Astral inferior, mientras que a los planos superiores se les ha asignado otros nombres. Esto ha llevado a que muchos consideren el Plano Astral con escasa atención, reservando un estudio más detallado únicamente para los planos superiores. Sin embargo, pedimos a estas personas que recuerden que muchos de los antiguos ocultistas clasificaron todo el grupo de los planos superiores, al menos hasta llegar a los planos espirituales más elevados, bajo el término general de "El Mundo Astral" u otros términos similares, y contamos con la mejor autoridad para esta división general. Existe una diferencia tan grande entre los planos astrales inferiores y los planos mentales o espirituales más elevados, como la que hay entre un gorila y un Emerson. Sin embargo, para evitar que el principiante se pierda en un mar de términos, hemos tratado todos los planos superiores al físico, al menos aquellos que abarca nuestra lección, bajo la denominación general de "El Mundo Astral".

Resulta difícil expresar claramente, en términos sencillos, el significado de la palabra "plano", por lo tanto, la utilizaremos con moderación y preferiremos la palabra "estado". Esto se debe a que un plano es realmente un "estado" más que un lugar, es decir, un mismo lugar puede ser habitado en varios planos. Así como una habitación puede estar llena de rayos del sol, luz de una lámpara, rayos de un aparato de rayos X, vibraciones magnéticas corrientes, aire, etc., cada uno actuando según las leyes de su ser y sin afectar a los demás. De manera similar, varios planos de existencia pueden coexistir en un espacio determinado sin interferir entre sí. En esta lección elemental, no podemos entrar en detalles sobre este tema, pero esperamos proporcionar al estudiante una comprensión mental sólida para que pueda comprender los sucesos y fenómenos de los diferentes planos que conforman "El Mundo Astral".

Antes de entrar en el tema de los diversos planos del Mundo Astral, es importante considerar algunos de los fenómenos generales que se clasifican bajo el término "astral". En nuestra sexta lección, mencionamos que el ser humano (en el cuerpo), además de sus sentidos físicos de la vista, el oído, el gusto, el olfato y el tacto, posee cinco sentidos astrales que son contrapartes de los sentidos físicos. Estos sentidos astrales operan en el plano astral y permiten al individuo recibir impresiones sensoriales sin la ayuda de los órganos sensoriales físicos.

Además, el ser humano también posee un órgano físico de "sexto sentido", el órgano del sentido telepático, el cual tiene un sentido astral correspondiente.

Estos sentidos astrales operan en el plano astral inferior, que es el plano siguiente al plano físico. A través de estos sentidos astrales se producen los fenómenos de la clarividencia, como se describió en la sexta lección. Es importante tener en cuenta que existen formas más elevadas de clarividencia que operan en planos mucho más elevados que los utilizados en la clarividencia común. No obstante, estos poderes son sumamente excepcionales y solo los poseen aquellos que han alcanzado un alto nivel de desarrollo, por tanto, apenas necesitamos mencionarlos aquí. En este plano astral inferior, el clarividente puede ver, el clariaudiente puede escuchar y el clarisentiente puede sentir. En este plano, el cuerpo astral se mueve y se manifiestan los llamados "fantasmas". Las almas desencarnadas que viven en los planos superiores del mundo astral, deben descender a este plano inferior y revestirse de materia astral más densa para poder comunicarse con aquellos en el plano físico. Además, en este plano se desplazan los cuerpos astrales de aquellos que están en carne y hueso, y que han adquirido la habilidad de proyectarse en el plano astral. Es posible para una persona proyectar su cuerpo astral o viajar en él a cualquier punto dentro de los límites de la atracción terrestre. Los ocultistas entrenados pueden hacerlo a voluntad, bajo las condiciones adecuadas. Otros pueden hacer viajes de este tipo ocasionalmente, sin saber exactamente cómo lo hacen y recordando después un sueño particular y muy vívido. De hecho, muchos de nosotros hacemos estos viajes cuando nuestro cuerpo físico está sumido en el sueño. De esta manera es posible obtener información valiosa sobre temas que nos interesan, estableciendo comunicación astral con otros interesados en el mismo tema, aunque sea de manera inconsciente.

La adquisición consciente de conocimiento de esta manera solo es posible para aquellos que han progresado significativamente en el camino del desarrollo. El ocultista entrenado simplemente se coloca en la condición mental adecuada, luego desea estar en algún lugar determinado y su cuerpo astral viaja allí con la rapidez de la luz, o incluso más rápidamente. Por supuesto, el ocultista no entrenado no tiene ese grado de control sobre su cuerpo astral y puede ser más torpe en el manejo del mismo. Es importante destacar que el cuerpo astral permanece siempre conectado al cuerpo físico durante toda su vida, a través de un fino hilo astral similar a un hilo de seda. Este cordón mantiene la comunicación entre ambos. Si este cordón astral se cortara, el cuerpo físico moriría, ya que se interrumpiría la conexión del alma con él.

En este plano astral inferior también se pueden percibir los colores áuricos de las personas, como se describe en nuestra cuarta lección. Asimismo, en este plano es donde las emanaciones del pensamiento pueden ser observadas por la visión clarividente o por aquellos que visitan ese plano en su cuerpo astral. La mente emite constantemente emanaciones de pensamiento que se extienden a cierta distancia de la persona durante un período de tiempo. Posteriormente, si son lo suficientemente fuertes, estas emanaciones se disipan gradualmente, atraídas aquí y allá por los pensamientos correspondientes de los demás. Estas emanaciones del pensamiento se asemejan a nubes, algunas delicadas y hermosas, mientras que otras son oscuras y turbias. Para aquellos con visión psíquica o astral, los lugares se ven llenos de esta sustancia del pensamiento, que varía en carácter y apariencia según la calidad y la naturaleza del pensamiento original que las produjo. Algunos lugares se ven llenos de sustancia del pensamiento luminosa y atractiva, lo cual indica que el carácter general del pensamiento de quienes lo habitan es de naturaleza edificante y alegre, mientras que otros lugares están repletos de una masa o nube de sustancia del pensamiento turbia y oscura, lo que indica que las personas que viven allí (o algunos visitantes) han estado inmersos en planos inferiores del pensamiento y han llenado el lugar con recuerdos deprimentes de su estancia allí. En tales habitaciones es recomendable abrir las ventanas de par en par y dejar entrar el sol y el aire. Aquellos que se muden a esos lugares deben esforzarse por llenarlos con pensamientos brillantes, alegres y felices, para expulsar la calidad inferior de la sustancia del pensamiento. Un comando mental como "Te ordeno que te alejes de este lugar" emitirá fuertes vibraciones del pensamiento que disolverán la sustancia del pensamiento indeseable o la repelerán y alejarán de la persona que emite el comando.

Si las personas pudieran ver por unos minutos la atmósfera de pensamientos de las tabernas, las salas de juegos de azar y lugares de ese tipo, no desearían volver a visitarlos. No solo dichos lugares están impregnados de pensamientos degradantes, sino que además atraen a una gran cantidad de almas desencarnadas de baja vibración, las cuales se congregan en torno a ellos con la intención de traspasar los estrechos límites que las separan del plano físico.

Quizás la mejor manera de ilustrar de forma clara los aspectos generales y los fenómenos del mundo astral sea describiendo un viaje imaginario que realizas tú mismo en ese mundo, bajo la guía de un ocultista experimentado. En esta lección, te embarcarás imaginariamente en un viaje de este tipo, bajo la supervisión de un guía competente. Se presupone que has progresado espiritualmente de manera significativa, ya que de lo contrario, ni siquiera el guía podría llevarte muy lejos, a menos que se recurra a métodos heroicos y poco convencionales, los cuales probablemente no serían apropiados en tu caso. ¿Estás preparado para emprender este viaje? Muy bien, aquí está tu guía.

Has entrado en el Silencio y de repente te das cuenta de que has salido de tu cuerpo y ahora solo ocupas tu cuerpo astral. Te encuentras de pie junto a tu cuerpo físico y lo ves dormido en el sofá, pero te das cuenta de que estás conectado a él por un hilo plateado brillante, parecido a una telaraña brillante. En ese momento, te percatas de la presencia de tu guía, quien te acompañará en este viaje. Él también ha dejado su cuerpo físico y se encuentra en su forma astral, la cual se asemeja a algo vaporoso, con la forma del cuerpo humano, pero que se puede ver a través de él y que puede moverse a través de objetos sólidos a voluntad. Tu guía toma tu mano y dice: "Vamos" y, en un instante, has salido de tu habitación y estás sobre la ciudad en la que vives, flotando como una nube de verano. Comienzas a temer que puedas caer, y tan pronto como ese pensamiento entra en tu mente, te encuentras hundiéndote. Pero tu guía coloca una mano debajo de ti y te sostiene, diciendo: "Ahora simplemente date cuenta de que no puedes hundirte, a menos que tengas miedo de hacerlo. Mantén en tu mente el pensamiento de que puedes flotar y así será". Sigues su consejo y te alegras al descubrir que puedes flotar a voluntad, moviéndote aquí y allá según tu deseo o voluntad.

Observas grandes volúmenes de nubes de pensamiento que se elevan desde la ciudad, como grandes nubes de humo, desplazándose y asentándose en diferentes lugares. También ves algunas nubes de pensamiento más sutiles y vaporosas en ciertos lugares, las cuales parecen tener la capacidad de dispersar las nubes oscuras cuando entran en contacto con ellas. Puedes ver líneas delgadas y brillantes de luz intensa, como una chispa eléctrica, viajando rápidamente a través del espacio. Tu guía te dice que son mensajes telepáticos que pasan de una persona a otra, y que la luz es causada por el Prana con el que está cargado el pensamiento. A medida que desciendes hacia el suelo, puedes observar que cada persona está rodeada por un campo de energía en forma de huevo —su aura— en la que se reflejan sus pensamientos y su estado mental predominante. Los diferentes colores presentes en el aura representan el carácter de los pensamientos. Algunos están rodeados de auras hermosas y radiantes, mientras que otros tienen a su alrededor un aura oscura y humosa, en la que se vislumbran destellos de luz roja. Algunas de estas auras te entristecen al observarlas, pues evidencian pensamientos tan bajos, groseros y animales, que te causan dolor, ya que te has vuelto más sensible ahora que estás fuera de tu cuerpo físico. Pero no tienes mucho tiempo que perder aquí, ya que tu viaje es corto, y tu guía te pide que sigas adelante.

A pesar de que no percibes un cambio de lugar en el espacio, todo a tu alrededor parece haberse transformado, como si se hubiera levantado un velo traslúcido en un teatro. Ya no ves el mundo físico con sus fenómenos astrales, sino que pareces estar en un mundo nuevo, una tierra de formas extrañas. Ves "cáscaras" astrales flotando, cuerpos astrales desechados por quienes se han desprendido de ellos a medida que avanzan. No es agradable mirarlas y te apresuras a seguir a tu guía, pero antes de salir de esta segunda antesala del verdadero mundo astral, tu guía te pide que sueltes tu dependencia mental hacia tu cuerpo astral y, para tu sorpresa, te das cuenta de que estás saliendo de él, dejándolo en el mundo de las cáscaras, pero todavía unido a él por un cordón o hilo de seda, del mismo modo que él, a su vez, está unido a tu cuerpo físico, que ya casi has olvidado, pero al que sigues unido por esos lazos casi invisibles. Continúas avanzando vestido con un nuevo cuerpo, o más bien, con una vestidura interna de materia etérea, ya que parece como si solamente te hubieras despojado de una capa y luego de otra, mientras que la parte TÚ de ti mismo permanece inalterada. Ahora sonríes al recordar que alguna vez pensaste que el cuerpo eras "tú". El plano de las "cáscaras astrales" se desvanece y te parece haber entrado en una gran habitación de formas dormidas, reposando en paz. Las únicas formas que se mueven son las de las esferas superiores que han descendido a este plano para realizar tareas en bien de sus hermanos más humildes. Ocasionalmente, uno de los durmientes da señales de despertar y, al instante, algunos de estos ayudantes se agrupan a su alrededor y parecen fundirse con él en otro plano. Sin embargo, lo más maravilloso de esta región es que a medida que el durmiente se despierta lentamente, su cuerpo astral se separa de él, de manera similar a como lo hizo el tuyo un poco antes, y sale de ese plano hacia el lugar de las "cáscaras", donde se desintegra lentamente y se disuelve en sus elementos originales. Esta cáscara desechada no está conectada con el cuerpo físico del alma durmiente, cuyo cuerpo físico ha sido enterrado o cremado, ya que está "muerto"; ni tampoco está conectada con el alma que ha seguido adelante, ya que finalmente se ha deshecho de ella y la ha dejado atrás. En tu caso es diferente, ya que simplemente la has dejado en la antesala y volverás a retomar su uso dentro de poco tiempo.

La escena se transforma una vez más y te encuentras en las regiones de las almas despiertas. Las recorres junto a tus guías, avanzando y retrocediendo. Observas que a medida que avanzan las almas que despiertan, parecen dejar caer rápidamente envoltura tras envoltura de sus cuerpos mentales, (así se llaman estas formas superiores de envolturas etéreas) y te das cuenta de que a medida que avanzas hacia los planos superiores, tu sustancia se vuelve cada vez más etérea, mientras que al regresar a los planos inferiores se vuelve más densa y material, aunque siempre mucho más etérea que el cuerpo astral e infinitamente más sutil que el cuerpo físico. También observas que a cada alma despierta se le permite finalmente despertar en algún plano en particular. Tu guía te explica que este plano específico está determinado por el progreso espiritual y los logros alcanzados por el alma en sus vidas anteriores (ya que ha tenido muchas visitas o vidas terrenales). Te informa que es prácticamente imposible para un alma trascender más allá del plano al que pertenece, aunque aquellos en los planos superiores pueden visitar libremente los planos inferiores. Esta regla del mundo astral no es arbitraria, sino una ley natural. Si el estudiante me perdona la trivial comparación, puede comprenderlo imaginando un gran filtro o una serie de filtros, similar a los utilizados para clasificar el carbón por tamaños. El primer filtro atrapa el carbón más grande, el siguiente filtro captura el tamaño siguiente, y así sucesivamente hasta llegar al carbón más pequeño. Ahora bien, el carbón grande no puede pasar al recipiente de los tamaños más pequeños, mientras que los tamaños más pequeños pueden pasar fácilmente a través de la pantalla y unirse a los tamaños más grandes. Lo mismo sucede en el mundo astral: el alma con la mayor cantidad de materialidad y naturaleza más burda es detenida por el filtro de un determinado plano y no puede pasar a los planos superiores, mientras que aquella que ha avanzado hacia los planos superiores, habiéndose despojado de envolturas más restrictivas, puede moverse fácilmente hacia adelante y hacia atrás entre los planos inferiores. De hecho, las almas a menudo lo hacen con el propósito de visitar a sus amigos en los planos inferiores y brindarles alegría y consuelo de esta manera. En el caso de almas altamente desarrolladas, pueden proporcionar una valiosa ayuda espiritual mediante consejos e instrucciones cuando el alma en el plano inferior está lista para recibirla. De hecho, todos los planos tienen ayudantes espirituales de los planos más elevados, algunas almas devotas prefieren dedicar su tiempo en el mundo astral en lugar de descansar o proseguir ciertos estudios para su propio desarrollo. A medida que avanzas y retrocedes entre los diferentes planos inferiores, tu guía te explica estas cosas (la razón por la cual no subes a planos superiores se te explicará más adelante). También te informa que existe una excepción a la regla de libre paso hacia los planos inferiores, y se refiere al "plano de los durmientes". En este plano no pueden entrar las almas que han despertado en un plano inferior, pero pueden entrar libremente aquellas almas puras y elevadas que han alcanzado un plano superior. El plano de la cámara de sueño es sagrado para quienes lo ocupan y para esas almas más elevadas mencionadas anteriormente. De hecho, es más bien un estado separado y distinto, en lugar de ser uno más de la serie de planos mencionados anteriormente.

El alma despierta precisamente en el plano para el cual está preparada, en un subplano específico dentro de ese plano que sus deseos más elevados y gustos naturalmente seleccionan para ella. Está rodeada de mentes afines y tiene la oportunidad de perseguir aquello que su corazón anhelaba durante su vida terrenal. Puede progresar considerablemente durante esta vida en el mundo astral, por lo tanto, cuando renace, es capaz de dar un gran paso adelante en comparación con su última encarnación. Existen innumerables planos y subplanos, y cada alma encuentra una oportunidad para desarrollarse y disfrutar al máximo de las cosas más elevadas que es capaz de experimentar en ese período particular de su evolución. Como mencionamos antes, el alma puede perfeccionarse y desarrollarse en el mundo astral, lo que le brinda la posibilidad de renacer en condiciones y circunstancias mucho más favorables en su siguiente vida terrenal. Sin embargo, lamentablemente, incluso en este mundo superior, no todos dan lo mejor de sí mismos y en lugar de aprovechar al máximo sus oportunidades y crecer espiritualmente, permiten que su naturaleza más material los arrastre hacia abajo y pasan gran parte de su tiempo en los planos inferiores, no para ayudar y asistir, sino para vivir la vida menos espiritual de los habitantes de los planos inferiores, los planos más materiales. En estos casos, el alma no obtiene los beneficios de su estancia en el mundo astral y renace en condiciones casi idénticas a las de su vida terrenal anterior. Se le envía de regreso para aprender nuevamente las lecciones que necesita.

Los planos más bajos del mundo astral están habitados por almas de naturaleza grosera y subdesarrollada, semejantes a los animales, y tienden a vivir de manera similar a como lo hacían en la Tierra. La única ganancia que obtienen es la posibilidad de experimentar sus deseos más bajos y eventualmente cansarse de todo eso, lo que les permite desarrollar un anhelo por cosas más elevadas que se manifestará en una "mejor oportunidad" cuando vuelvan a nacer. Naturalmente, estas almas poco desarrolladas no tienen acceso a los planos superiores y el único plano que se encuentra por debajo de ellos es el plano de las cáscaras, junto con el subplano astral que se sitúa inmediatamente por encima del plano material (que es una de las llamadas antesalas del mundo astral). Con frecuencia, estas almas se congregan lo más cerca posible de la Tierra. Son capaces de acercarse tanto a la Tierra que pueden ser conscientes de gran parte de lo que ocurre allí, especialmente cuando las condiciones son acordes con su propia naturaleza. Se podría decir que prácticamente pueden vivir en el plano material inferior, aunque están separadas de él por un sutil velo delgado que les impide participar activamente en él, salvo en raras ocasiones. Pueden observar la vida terrenal, pero no participar en ella. Permanecen alrededor de los escenarios de sus antiguas vidas degradantes y a menudo se apoderan del cerebro de alguien de su misma condición que pueda estar bajo la influencia del alcohol, alimentando así sus propios deseos bajos. Este es un tema desagradable y no nos interesa detenernos en él, afortunadamente no concierne a aquellos que están leyendo estas lecciones, ya que han superado esa etapa de desarrollo. Estas almas inferiores se sienten tan atraídas por la vida terrenal, especialmente en sus planos más bajos, que sus intensos deseos las llevan a reencarnar rápidamente en condiciones similares, aunque siempre haya al menos una leve mejora. Nunca retroceden al punto de partida original. Un alma puede hacer varios intentos de avanzar a pesar de las tendencias regresivas de su naturaleza inferior, pero nunca retrocede al lugar de donde partió.

Las almas de los planos superiores, al sentir menos atracción por la vida terrenal y tener esas excelentes oportunidades de progreso, naturalmente pasan mucho más tiempo en el mundo astral, siendo la regla general que cuanto más elevado es el plano, más prolongado es el descanso y la permanencia. Sin embargo, llega un momento en que el alma ha aprendido todas las lecciones disponibles en ese estado de existencia y comienza a anhelar el progreso que solo puede lograrse a través de la experiencia y la acción en una nueva vida terrenal. Por la fuerza de sus deseos (nunca contra su voluntad, recuerda) el alma gradualmente se ve atraída hacia la corriente que la lleva al renacimiento. Se adormece y es conducida hacia el plano de la sala del sueño, luego cae en el sueño del alma y gradualmente "muere" en el mundo astral para renacer en una nueva vida terrenal, de acuerdo con sus deseos y gustos, y para la cual es apta en esa etapa particular de su desarrollo. Cuando nace físicamente, el alma no despierta por completo, sino que existe en un estado de ensueño, experimentando un despertar gradual durante los primeros años de la infancia. Su despertar se evidencia por el desarrollo gradual de la inteligencia en el niño, cuyo cerebro se adapta a las demandas que se le presentan. Profundizaremos más en este asunto en los siguientes capítulos.

Tu guía te ha señalado todas estas cosas y te ha mostrado ejemplos de todo lo que acabamos de mencionar. Te has encontrado y has hablado con amigos y seres queridos que han dejado sus cuerpo y ahora ocupan algunos de los planos por los que has pasado. Has notado con asombro que estas almas actuaban y hablaban como si su vida en ese plano fuera la única realidad y, de hecho, parecían pensar que tú provenías de algún mundo exterior. También observaste que, aunque aquellos en cada plano astral tenían cierto conocimiento de los planos inferiores, a menudo parecían desconocer por completo los planos superiores, a excepción de aquellos que se encontraban en los planos más elevados. Estos últimos habían despertado a una comprensión consciente de lo que significaba todo, y sabían que formaban parte de una clase que trabajaba para ascender. Por otro lado, aquellos en los planos inferiores parecían estar más o menos inconscientes del verdadero significado de su existencia, ya que aún no habían despertado a la etapa espiritual consciente. También observaste que estas almas parecían haber experimentado muy pocos cambios en cuanto a su comprensión espiritual y conocimiento oculto desde el tiempo en que estaban en la Tierra. En los planos inferiores, encontraste a un viejo amigo que, en su vida terrenal, era un materialista declarado y parecía no darse cuenta de que estaba "muerto". Creía que había sido transportado a algún otro planeta o mundo físico debido a alguna catástrofe natural. Mantenía firmemente su creencia de que la muerte era el fin de todo y se mostraba enojado con los visitantes de las esferas superiores cuando le decían quiénes eran y de dónde venían. Los acusaba de ser charlatanes e impostores, exigiendo que le mostraran pruebas tangibles de sus supuestas "esferas superiores" si eran reales. Sostenía que las apariciones y desapariciones repentinas de estos visitantes eran simplemente fenómenos físicos del nuevo planeta en el que estaba viviendo.

Alejándote de él, en medio de sus reproches por estar de acuerdo con los "impostores" y "visionarios", que según él eran "un poco mejor que los espiritistas del viejo mundo", tristemente le pediste a tu guía que te llevara a las esferas más elevadas. Tu guía sonrió y dijo: "Te llevaré tan lejos como puedas ir". Luego, te condujo a un plano que se ajustaba perfectamente a tus deseos, aspiraciones, gustos y nivel de desarrollo. Quedaste tan impresionado que suplicaste quedarte allí en lugar de regresar a la Tierra, sintiendo que habías alcanzado el "séptimo cielo", pero él insistió en que debías regresar. Antes de partir, te reveló que aún te encontrabas en uno de los subplanos de los planos relativamente inferiores. Parecías dudar de sus palabras y, al igual que el materialista, pediste que te mostrara cosas más grandes. Él respondió: "No, hijo mío, has progresado hasta donde te permiten tus limitaciones. Has alcanzado esa parte de la 'otra vida' que será tuya cuando te desprendas del cuerpo, a menos que logres desarrollarte aún más y avanzar hacia un grado superior. Aquí es donde se encuentra tu límite, no puedes ir más allá. Al igual que yo, tienes tus propias limitaciones, y más allá de este plano existen otros aún más avanzados. Ninguna alma puede viajar más allá de sus fronteras espirituales. Sin embargo, más allá de tu plano y más allá del mío, existen planos tras planos que están conectados con nuestra Tierra, cuyas maravillas son incomprensibles para el ser humano. Además, existen numerosos planos alrededor de otros planetas de nuestra cadena, así como millones de otros mundos. Hay cadenas de universos, así como cadenas de planetas, y luego, grupos aún más grandes de estas cadenas, en una progresión infinita. Estos planos y sistemas son cada vez más grandes y grandiosos, más allá de la capacidad humana para imaginar, ascendiendo a alturas inconcebibles. Una infinidad de infinitudes de mundos se despliegan ante nosotros. Nuestro mundo, nuestra cadena planetaria y nuestro sistema solar, junto con otros sistemas solares, son simplemente como granos de arena en la playa".

"Entonces, ¿qué soy yo, pobre criatura mortal, perdida entre toda esta grandeza inconcebible?" —exclamaste.

"Eres la cosa más preciosa, un alma viviente" — respondió tu guía— "Y si fueras destruido, todo el sistema de universos se derrumbaría, porque eres tan necesario como la parte más grande de él. No puede prescindir de ti, no puedes perderte o ser destruido. Eres parte de todo esto y eres eterno".

"Y más allá de todo esto, de lo que me has hablado" —exclamaste— "¿qué hay y cuál es el centro de todo esto?"

El rostro de tu guía se iluminó con una expresión extasiada.

"El Absoluto" —respondió.

Cuando regresaste a tu cuerpo físico, justo antes de que tu guía desapareciera, le preguntaste:

—"¿A cuántos millones de kilómetros de la Tierra hemos estado, y cuánto tiempo estuvimos fuera?"

—Él respondió: "En realidad, nunca dejaste la Tierra. Tu cuerpo físico solo fue dejado por un breve momento en el tiempo. El tiempo y el espacio no pertenecen al mundo astral".

# MÁS ALLÁ DE LA FRONTERA

En estas lecciones no hemos intentado imponer al estudiante ninguna concepción de la verdad que no le resulte atractiva o que no armonice con su propia concepción. Respetamos y concedemos a todos la libertad de sus propias convicciones, prefiriendo que solo acepten aquellas enseñanzas yoguis que les resulten atractivas, dejando pasar el resto como algo que no se necesita en ese momento. Simplemente, nos limitamos a exponer la concepción de los yoguis sobre el tema, de la manera más sencilla y clara posible, para que el estudiante pueda comprender la teoría. Si le parece verdadera o no, es un asunto que no nos concierne. Si algo es verdadero, lo es, sin importar lo que el estudiante pueda pensar al respecto, y su creencia o incredulidad no altera la realidad de las cosas. No obstante, los yoguis no sostienen la idea de que alguien deba ser castigado por no creer o recompensado por creer. Consideran que la creencia y la incredulidad no son cuestiones de la voluntad, sino más bien del crecimiento de la comprensión. Por lo tanto, no sería justo suponer que alguien es recompensado o castigado por su creencia o incredulidad. Los yoguis son las personas más tolerantes. Ven el bien y la verdad en todas las formas de creencia y concepciones de la verdad, y nunca culpan a nadie por no estar de acuerdo con ellos. No siguen credos establecidos y no exigen a sus seguidores que acepten sin cuestionar todo lo que enseñan. Su consejo para los estudiantes es el siguiente: "Toma lo que te atraiga y deja el resto. Mañana regresa y toma algo de lo que hoy has rechazado, y así sucesivamente, hasta que recibas todo lo que tenemos para darte. No te fuerces a aceptar verdades intragables, porque cuando llegue el momento de recibirlas, serán agradables a tu gusto mental. Toma lo que quieras y deja lo que quieras. Nuestra idea de hospitalidad no consiste en obligarte a consumir algo que no te resulte apetecible, insistiendo en que debes hacerlo para ganar nuestro favor o amenazando con castigarte si no te gusta. Toma lo que sea tuyo donde lo encuentres; pero no tomes nada que no te pertenezca por derecho de comprensión, y no temas que se te retenga algo que te pertenece".

Con este entendimiento, continuamos con nuestra lección, una de las más importantes.

Cuando el Ego abandona el cuerpo, en lo que conocemos como muerte, deja atrás los principios inferiores y pasa hacia estados que consideraremos más adelante. En primer lugar, deja atrás el cuerpo físico. Como mencionamos en la primera lección, este cuerpo físico está compuesto por millones de células diminutas, pequeñas vidas poseen una cierta cantidad de mente o inteligencia, bajo el control de la mente central del individuo. Estas células también tienen un suministro de Prana, o fuerza vital, y un revestimiento o cuerpo material. La suma de estos pequeños cuerpos constituye el cuerpo completo de la persona. Hemos dedicado un capítulo de nuestro libro sobre "Hatha Yoga" a la consideración de estas pequeñas vidas, y remitimos al estudiante a ese libro para obtener más detalles sobre su vida y trabajo. Cuando se produce la muerte de la persona y el Ego abandona la envoltura material que ha utilizado durante ese período particular de "vida", las células se separan y se dispersan, comenzando lo que conocemos como descomposición. La fuerza que ha mantenido unidas a las células se retira y quedan libres para seguir su propio camino y formar nuevas combinaciones. Algunas de ellas son absorbidas por los cuerpos de las plantas circundantes y eventualmente se convierten en parte del cuerpo de algún animal que ha comido la planta, o parte del cuerpo de otra persona que ha comido la planta o la carne del animal que ha comido la planta. Por supuesto, comprenderás que estas pequeñas vidas celulares no tienen nada que ver con el alma real o el Ego de la persona, simplemente son sus últimos servidores y no tienen ninguna conexión con su conciencia. Otros de estos átomos permanecen en el suelo durante algún tiempo, hasta que son absorbidos por alguna otra forma de vida que los necesita como alimento. Como ha dicho un destacado escritor: "La muerte es solo un aspecto de la vida, y la destrucción de una forma material es simplemente el preludio de la construcción de otra".

Una vez que el Ego abandona el cuerpo físico y se retira la influencia de la mente que lo comanda sobre las células y grupos de células, reina el desorden entre ellas. Se convierten en un ejército desorganizado, corriendo de un lado a otro, interfiriendo entre sí, empujándose unas a otras e incluso luchando. Su único objetivo es alejarse de la multitud y escapar de la confusión general. Durante la vida del cuerpo, su objetivo principal es trabajar juntas y en armonía, bajo las órdenes de sus oficiales; después de la muerte del cuerpo, su único objetivo parece ser separarse y seguir su propio camino. Primero, los grupos se separan unos de otros, luego cada grupo se divide en grupos más pequeños, y así sucesivamente, hasta que cada célula individual se libera de sus compañeras y sigue su propio camino o donde sea llamada por alguna forma de vida que la necesite. Como ha dicho un escritor sobre el tema: "El cuerpo nunca está más vivo que cuando está muerto, pero está vivo en sus unidades y muerto en su totalidad".

Cuando el Ego abandona el cuerpo físico, en el momento de la muerte, el Prana ya no está bajo el control de la mente central y responde únicamente a las órdenes de los átomos individuales o de sus grupos que conformaban el cuerpo individual. A medida el cuerpo físico se desintegra y se resuelve en sus elementos originales, cada átomo lleva consigo suficiente Prana para mantener su vitalidad y permitirle formar nuevas combinaciones, mientras que el Prana no utilizado regresa al gran almacén universal del cual proviene.

Cuando el Ego abandona el cuerpo, en el momento de la muerte, lleva consigo el cuerpo astral, junto con los principios superiores. Como se recordará, este cuerpo astral es la contraparte exacta del cuerpo físico, pero está compuesto de una materia más fina y no es visible para la visión corriente, aunque puede ser claramente visto por la visión clarividente o astral, por lo tanto, a veces puede ser visto por personas bajo ciertas condiciones psíquicas. Los clarividentes describen la separación del cuerpo astral del cuerpo físico como un proceso fascinante. Lo describen como una nube de vapor luminoso y delgado que se eleva desde el cuerpo físico, pero aún conectado a él mediante un cordón delgado, sedoso y vaporoso. Este cordón se va haciendo cada vez más delgado hasta que finalmente se vuelve invisible incluso para la visión clarividente más aguda, antes de romperse por completo. Después de la muerte física, el cuerpo astral continúa existiendo por un tiempo y en ciertas circunstancias puede hacerse visible para personas vivas, a lo que se les llama "fantasmas". En ocasiones, el cuerpo astral de una persona moribunda puede ser proyectado por un fuerte deseo y hacerse visible para familiares o amigos con quienes el difunto siente un gran afecto.

Después de un tiempo, que puede variar en diferentes casos, como veremos más adelante, el cuerpo astral es desechado por el Ego y comienza a desintegrarse. Este cuerpo astral desechado no es más que un cadáver de materia más fina y es lo que los ocultistas conocen como una "cáscara astral". No tiene vida ni inteligencia y flota alrededor en la atmósfera astral inferior, hasta que se resuelve en sus elementos originales. Esta cáscara astral muestra una atracción peculiar hacia su contraparte física reciente y puede regresar al área del cuerpo físico y desintegrarse junto con él. Las personas con visión psíquica, ya sea de forma natural o influenciadas por el miedo u otras emociones, a menudo perciben estas cáscaras astrales flotando alrededor de cementerios, campos de batalla, etc., y las confunden erróneamente con los "espíritus" de las personas fallecidas, cuando, en realidad, son como el cadáver físico debajo de la tierra. Estas cáscaras astrales pueden ser "galvanizadas" en una apariencia de vida al entrar en contacto con la vitalidad de algún "médium", donde el Prana de este último la anima, y la mentalidad subconsciente del médium hace que manifieste signos de vida e inteligencia parcial. En algunas sesiones de los médiums, estas cáscaras astrales pueden materializarse utilizando la vitalidad del médium y pueden hablar de manera incoherente y sin sentido para los presentes. Sin embargo, es importante tener en cuenta que no es la persona fallecida quien habla, sino simplemente una cáscara animada por el principio de vida del médium y del "círculo", actuando y hablando como un autómata. Por supuesto, existen otras formas de comunicación con los espíritus que son muy diferentes, pero aquellos que investigan los fenómenos espiritistas deben tener cuidado de no confundir estas cáscaras astrales con la verdadera inteligencia de sus amigos fallecidos. Ahora, volvamos nuestra atención al Ego que ha abandonado el cuerpo físico.

A medida que el Ego, envuelto en su cuerpo astral, va saliendo lentamente del cuerpo físico, toda la vida de la persona, desde la infancia hasta la vejez, se despliega ante su visión mental. La memoria revela sus secretos y una imagen tras otra pasa rápidamente ante su mente. Muchas cosas se vuelven claras para el alma que parte: se descubre la razón detrás de muchas cosas y el alma entiende todo su significado, es decir, comprende toda su vida porque la ve como un todo. Esto se asemeja a un sueño vívido para la persona moribunda, pero deja una profunda impresión y las memorias son recordadas y utilizadas por el alma en un período posterior. Los ocultistas siempre han instado a los amigos y familiares de una persona moribunda a mantener la calma y la tranquilidad a su alrededor, para que no se vea perturbada por emociones contradictorias o ruidos distractores. Se debe permitir que el alma siga su camino en paz y tranquilidad, sin ser retenida por los deseos o conversaciones de quienes la rodean.

Así es como el Ego sigue adelante y sale del cuerpo. ¿Hacia dónde? Digamos aquí que los estados futuros del alma, entre las encarnaciones, no tienen que ver con lugares, se trata de "estados", no de lugares. Hay numerosos estados de existencia y todos se entrelazan entre sí, de modo que en un mismo espacio pueden coexistir inteligencias que viven en diferentes planos, y aquellos que viven en los planos inferiores no son conscientes de la existencia y presencia de aquellos que viven en los planos superiores. Por lo tanto, elimina de tu mente la idea de "lugar", todo se trata de "estados" o "planos".

Después de que el alma abandona el cuerpo, si se le permite estar en paz y no es perturbada con los llamados intensos de aquellos a quienes ha dejado atrás (y estos llamados pueden consistir en fuertes manifestaciones de dolor y fervientes peticiones de regreso del difunto, por parte de algún ser querido, o de alguien a quien la persona fallecida estaba unida por lazos de deber), cae en un estado semiconsciente, un estado de dicha, paz, felicidad y descanso, un sueño del alma. Este estado continúa por un tiempo, el cual varía en cada individuo, como veremos más adelante, hasta que la cáscara astral se desprende y flota en la atmósfera astral. Asimismo, las porciones inferiores de esa materia etérea que confina las partes inferiores de la mente se disuelven gradualmente y también se separan del alma, dejándola solo con las porciones superiores de su mentalidad.

La persona con un bajo desarrollo espiritual y, consecuentemente, con un grado mayor de naturaleza animal, se desprenderá de muy poco de su cuerpo mental y pronto alcanzará el nivel más alto que haya logrado mental y espiritualmente durante su vida terrenal. Por otro lado, la persona con un gran logro espiritual se "desprenderá" gradualmente de gran parte de su cuerpo mental, conservando solo las partes más elevadas desarrolladas durante su existencia terrenal. Aquellos que se encuentren entre estos dos tipos mencionados actuarán de acuerdo a su grado de desarrollo espiritual, por supuesto. Posteriormente, cuando el último rastro posible de la mentalidad inferior se haya separado del alma, esta se despierta y avanza hacia estados que se describirán más adelante en esta lección. Se puede apreciar que aquellos individuos con una mentalidad burda y un bajo desarrollo espiritual permanecerán solo por un corto período de tiempo en el estado onírico, ya que el proceso de desprendimiento de envolturas es relativamente simple y requiere poco tiempo. También se verá que aquellos que han alcanzado un alto grado de desarrollo espiritual descansarán por un período más prolongado, dado que tienen mucho más de qué deshacerse, y este material mental desechado cae de ellos como las hojas de una rosa, capa tras capa, desde lo externo hacia lo interno. Cada alma despierta cuando ha desechado todo lo que puede, o más bien, todo lo que caerá de ella, cuando ha alcanzado el estado más elevado posible para ella. Aquellos que han progresado significativamente en lo espiritual durante la última vida terrenal, tendrán mucha materia inútil y obsoleta que desechar, mientras que aquellos que han descuidado sus oportunidades y mueren tal como nacieron tendrán poco que desechar y despertarán en muy poco tiempo. Cada individuo descansa hasta que se ha manifestado el punto más alto de despliegue. Pero, antes de continuar, detengámonos un momento para señalar que tanto el tiempo de inmersión en el estado de descanso como su estabilidad y duración pueden ser interrumpidos por aquellos que permanecen en la vida terrenal.

Un alma que tiene "algo en su mente" que comunicar, o que se encuentra afligida por el dolor de aquellos que han quedado atrás, especialmente si escucha las lamentaciones y llamados constantes para que regrese, luchará contra el estado de ensoñación que la envuelve y hará esfuerzos desesperados por regresar. De la misma manera, las llamadas mentales de aquellos que han quedado atrás perturbarán el sueño una vez que se haya entrado en él y harán que el alma dormida se despierte y trate de responder a las llamadas, o al menos se despertará parcialmente y retrasará su desarrollo. Estas almas medio despiertas a menudo se manifiestan en círculos espiritualistas. Nuestro dolor egoísta y nuestras exigencias pueden causar mucho dolor, tristeza e inquietud a nuestros seres queridos que han fallecido, a menos que hayan comprendido el verdadero estado de las cosas antes de partir y se nieguen a ser llamados de regreso a la Tierra, incluso por aquellos a quienes aman. Los ocultistas conocen casos en los que las almas han luchado contra el sueño durante años para estar cerca de sus seres queridos en la Tierra. Sin embargo, este proceder es imprudente, ya que causa tristeza y dolor innecesarios tanto a quienes han fallecido como a aquellos que permanecen en la Tierra. Debemos evitar retrasar el progreso de aquellos que han partido, dejar de lado nuestras demandas egoístas y permitirles dormir y descansar, esperando el momento de su transformación. Es como hacerlos morir varias veces seguidas: aquellos que realmente aman y comprenden evitan hacer esto. Su amor y comprensión les impulsa a dejar que el alma parta en paz, tome su merecido descanso y alcance su pleno desarrollo. Este período de sueño del alma es como la existencia del bebé en el útero de su madre: duerme para despertar a la vida y la fortaleza.

Sin embargo, antes de pasar al despertar, es importante señalar que solo el alma de una persona que ha fallecido de forma natural se sumerge inmediatamente en el sueño del alma (si no es perturbada). Aquellos que mueren por "accidente" o son asesinados, es decir, aquellos que abandonan el cuerpo de manera repentina, se encuentran completamente despiertos y en pleno uso de sus facultades mentales durante algún tiempo. Generalmente, no son conscientes de que han "muerto" y no pueden comprender lo que les está sucediendo. En ocasiones, están plenamente conscientes (durante un breve período) de la vida en la Tierra y pueden ver y escuchar todo lo que sucede a su alrededor a través de sus facultades astrales. No pueden concebir que han dejado el cuerpo y se sienten profundamente desconcertados. Su situación sería muy desafortunada durante algunos días hasta que el sueño del alma los alcanzara, si no fuera por los Ayudantes Astrales, que son almas de estados superiores de existencia, que se reúnen a su alrededor y les comunican suavemente su verdadera condición, les ofrecen palabras de consuelo y consejo, y los "cuidan" hasta que caen en el sueño del alma, al igual que un niño cansado se duerme por la noche. Estos ayudantes nunca descuidan su deber, y nadie que salga repentinamente será desatendido, ya sea "bueno" o "malo", porque estos ayudantes saben que todos son hijos de Dios y sus propios hermanos y hermanas. Se conocen casos de personas con un alto desarrollo espiritual y poderes elevados que salen temporalmente de sus cuerpos físicos (a través de sus cuerpos astrales) con el propósito de brindar ayuda y consejo en momentos de grandes catástrofes o después de una gran batalla, cuando se necesita asistencia y consejo inmediatos. En tales ocasiones, algunas inteligencias superiores en la escala de la evolución espiritual descienden desde sus estados elevados y, tomando forma humana, ofrecen palabras de aliento y el beneficio de su sabiduría. Esto no solo ocurre en los países civilizados, sino en todas las partes del mundo, porque todos son iguales. Muchos individuos que han alcanzado altos niveles de desarrollo espiritual, que han avanzado mucho más que el resto del grupo racial al que pertenecen, y que han ganado una estancia más prolongada en los estados superiores, esperando el progreso de sus hermanos, se dedican a esta y otras tareas similares, renunciando voluntariamente a su merecido descanso y felicidad por el bien de sus hermanos menos afortunados. Por supuesto, las personas que mueren en la forma descrita anteriormente caen gradualmente en el sueño del alma, y el proceso de desprendimiento de las envolturas de confinamiento continúa de manera similar a los casos de aquellos que mueren de forma natural.

Cuando el alma se ha despojado de las envolturas restrictivas y ha alcanzado el estado para el cual se ha preparado a través de sus vidas terrenales, incluyendo el desarrollo obtenido en su última vida terrenal, pasa inmediatamente al plano del mundo astral para el cual está preparada y hacia el cual es atraída por la Ley de Atracción. Es importante destacar que el mundo astral, en todas sus etapas y planos, no es un lugar, sino un estado, como ya hemos mencionado anteriormente. Estos planos se entrelazan entre sí, y aquellos que habitan en un plano no son conscientes de aquellos que habitan en otro, ni pueden pasar de un plano a otro, con esta excepción: aquellos que habitan en un plano superior pueden ver (si lo desean) los planos inferiores y también pueden visitarlos, si así lo desean. Sin embargo, aquellos en los planos inferiores no pueden ver ni visitar los planos superiores. Esto no se debe a que haya un "vigilante en la puerta" ni nada por el estilo (ya que no hay una "puerta" hacia un plano o estado), sino por la misma razón por la cual un pez no puede elevarse por encima del agua y volar en el aire como un pájaro; su naturaleza no se lo permite. Si dos almas están vinculadas debido a un lazo antiguo y se encuentran en planos diferentes, el alma más desarrollada puede visitar al alma menos desarrollada y ayudarla en su crecimiento a través de consejos e instrucciones. Esto prepara al alma menos desarrollada para su próxima encarnación, de manera que cuando se encuentren nuevamente en la vida terrenal, el alma menos desarrollada estará mucho más cerca de su alma hermana superior y podrán avanzar juntas de la mano a lo largo de la vida o las vidas. Por supuesto, esto solo es posible si el alma menos desarrollada está dispuesta a recibir instrucción. Después de alcanzar cierto grado de desarrollo, las almas están dispuestas a ser instruidas cuando están fuera del cuerpo, como se mencionó anteriormente, ya que están libres de las influencias perturbadoras de la vida terrenal y son más receptivas a la ayuda del Espíritu. Según las enseñanzas yoguis, en casos excepcionales, el alma ayudante incluso puede llevar a su hermana menos desarrollada a un estado tal que le permita deshacerse de algunos de los principios mentales inferiores que se han adherido a ella después de su despertar, y que le ha mantenido en un plano específico. Esto le permitiría avanzar hacia el siguiente plano superior. Sin embargo, esto no es común y solo puede ocurrir cuando el alma ha estado a punto de deshacerse de su envoltura sin ayuda, pero aún no lo ha logrado por completo.

Los planos inferiores del astral están habitados por almas de naturaleza grosera y poco desarrollada, que llevan vidas similares a las vividas en la Tierra. De hecho, están tan estrechamente conectadas con el plano material y se sienten tan atraídas hacia él, que son conscientes de muchas de las cosas que ocurren ahí. Se podría decir que viven en el plano material y solo se les impide participar activamente en él por un delgado velo que los separa de su propia clase en el cuerpo físico. Estas almas deambulan por los antiguos escenarios de su degradación terrenal y a menudo ejercen influencia sobre otros que se encuentran en su misma condición y que están bajo la influencia del alcohol, ya que son más receptivos a ese tipo de influencias. De esta manera, reviven sus antiguas vidas y contribuyen a la brutalidad y degradación de los vivos mediante sus influencias y asociaciones. Existen varios de estos planos inferiores, al igual que los planos superiores, cada uno de ellos con almas desencarnadas de la clase particular a la que pertenecen. Estas almas de los planos inferiores están en estrecho contacto con el plano material y frecuentemente son atraídas hacia sesiones en las que el médium y los participantes se encuentran en un plano inferior. Se disfrazan como los "espíritus" de amigos de los visitantes y otros, e incluso pueden afirmar ser personajes conocidos y célebres. Tienden a hacer bromas tontas, como a menudo se observa en esas sesiones, disfrutan particularmente de tales cosas y de hacer diabluras en general, si se les permite hacerlo. No son una compañía adecuada para las personas en los planos superiores, ya sean encarnadas o desencarnadas.

Estas almas de los planos inferiores pasan poco tiempo en el estado desencarnado y se sienten fuertemente atraídas por la vida material. Están llenas de un gran deseo de reencarnarse y generalmente pasan poco tiempo entre dos encarnaciones. Cuando vuelven a nacer, son atraídas hacia padres con las mismas tendencias, lo que significa que el entorno de su nueva vida terrenal corresponderá muy de cerca al de su vida anterior. Estas almas burdas y poco desarrolladas, al igual que las almas de las razas salvajes, progresan lentamente, no hacen más que un avance insignificante en cada vida, y tienen que someterse a repetidas y frecuentes encarnaciones para lograr incluso un pequeño progreso. Sus deseos son fuertes hacia lo material y son atraídas por ello, mientras que las influencias espirituales ejercen una atracción comparativamente leve sobre ellas. Sin embargo, incluso ellas hacen algún progreso, todos avanzan aunque sea un poco.

Naturalmente, las almas en cada uno de los planos superiores progresan más rápidamente en cada vida terrenal, tienen menos encarnaciones y transcurre mucho más tiempo entre ellas. Sus inclinaciones y gustos son de un orden superior. Prefieren habitar en los planos superiores de la vida desencarnada, dedicándose a pensar y contemplar las enseñanzas más elevadas, ayudados por la ausencia de las cosas materiales y alentados por los rayos de la Mente Espiritual que les influyen, lo que contribuye a su desarrollo. De esta manera, pueden prepararse para un gran progreso y, en ocasiones, pasan siglos en los planos superiores antes de reencarnar. Cuando han avanzado mucho más que su raza, pasan miles de años en los planos superiores. Esperan a que la raza madure para que su renacimiento sea atractivo y, mientras tanto, encuentran mucho trabajo útil que hacer por las almas menos desarrolladas.

Sin embargo, tarde o temprano, las almas sienten el deseo de adquirir nuevas experiencias y de manifestar en la vida terrenal parte del avance que han logrado desde su "muerte". Por estas razones, y debido a la atracción de deseos que han estado latentes, no vividos o desechados, o posiblemente influenciados por el hecho de que alguna alma amada, en un plano inferior, está lista para encarnar y deseando encarnarse al mismo tiempo para estar con ella (lo cual también es un deseo), las almas se sumergen en la corriente que las lleva de vuelta al renacimiento, y seleccionan a los padres adecuados, las circunstancias y los entornos propicios. En consecuencia, gradualmente, caen en un estado de sueño del alma y, cuando llega el momento, "mueren" en el plano en el que han estado existiendo y "nacen" en una nueva vida física y un nuevo cuerpo físico.

Un alma no despierta por completo de su sueño inmediatamente después de nacer, sino que existe en un estado similar a un sueño durante el período de infancia. Su despertar gradual se manifiesta en la creciente inteligencia del bebé, a medida que su cerebro se desarrolla para enfrentar las demandas que se le presentan. En algunos casos, este despertar puede ser prematuro y podemos observar casos de prodigios y niños genios, etc. Sin embargo, tales casos son más o menos anormales y poco saludables. Ocasionalmente, el alma dormida del niño se despierta parcialmente, sorprendiéndonos con alguna observación profunda o con una conducta madura.

Gran parte de este proceso de preparación para la reencarnación es realizado por el alma de manera inconsciente, obedeciendo a sus inspiraciones y deseos, ya que realmente no ha llegado a comprender todo lo que esto significa, y lo que tiene ante sí, y es arrastrada por la Ley de Atracción casi inconscientemente. No obstante, una vez que las almas alcanzan cierto grado de desarrollo, se vuelven conscientes del proceso de reencarnación y pueden tomar una parte consciente en la selección de los entornos y circunstancias. Cuanto más alto ascienden en la escala, mayor es su poder consciente y su capacidad de elección.

Se puede ver fácilmente que hay planos tras planos de existencia desencarnada. La Filosofía Yogui enseña que hay Siete Grandes Planos (a veces denominados por los hindúes no instruidos, como los "siete cielos"), pero cada gran plano tiene siete subdivisiones, y cada subdivisión tiene siete divisiones menores, y así sucesivamente.

Nos resulta imposible describir adecuadamente la naturaleza de la vida astral superior. No tenemos palabras para describirla, ni la capacidad mental para comprenderla. En los planos inferiores, la vida es muy similar a la vida terrenal y muchos de sus habitantes parecen pensar que es una parte de la Tierra, sin darse cuenta de que están libres de las limitaciones terrenales. Imaginan que el fuego puede quemarlos, el agua puede ahogarlos, etc. Tienen prácticamente la tierra en medio de sus escenas. Por encima de estos, existen planos cuyos habitantes tienen ideas y vidas más elevadas, y así sucesivamente, hasta llegar a la dicha de los planos superiores, que escapan a la comprensión del ser humano actual. En algunos de los planos intermedios, los amantes de la música se entregan plenamente a su amor por ella, los artistas a su amor por el arte, los intelectuales continúan con sus estudios, y así sucesivamente. Por encima de ellos se encuentran aquellos que han despertado espiritualmente y tienen oportunidades para su desarrollo y adquisición de conocimiento. Más allá de ellos existen estados que ni siquiera podemos soñar. No obstante, es importante recordar que incluso estos planos superiores son solo una parte del vasto plano astral, que a su vez es solo uno de los planos inferiores del Universo. Por encima de él se despliegan plano tras plano de existencia. Sin embargo, amigos, ¿para qué hablar de todo esto? No podemos pretender dominar problemas de matemáticas avanzadas cuando apenas sabemos sumar dos cifras. Pero todo esto es para nosotros, todo nos pertenece, y no podemos ser despojados de nuestra herencia.

# EVOLUCIÓN ESPIRITUAL

La hermosa doctrina de la evolución espiritual, una joya en la corona de la filosofía yogui, lamentablemente es malentendida y malinterpretada, incluso por aquellos que son cercanos a ella. La gran mayoría de las personas desinformadas la confunden con ideas rudimentarias provenientes de antiguas culturas en Asia y África, creyendo erróneamente que enseña que las almas humanas descienden a cuerpos de animales inferiores después de la muerte. Además, bajo la apariencia de enseñanzas elevadas sobre la reencarnación, se promueven teorías que afirman que el alma humana está atada a la rueda del renacimiento humano y debe vivir en un cuerpo tras cuerpo, quiera o no, hasta que pasen ciertos grandes ciclos, cuando la raza se traslade a otro planeta. Sin embargo, todas estas concepciones erróneas tienen su origen en una verdad parcial, pero no en la verdad completa.

Es cierto que el alma de una persona brutal, egoísta y bestial, después de la muerte, será atraída por la fuerza de sus propios deseos hacia el renacimiento en el cuerpo de alguna raza humana más baja y bestial. Ha fracasado en su trabajo de clase y ha sido enviada de vuelta a un grado inferior. Sin embargo, el alma que ha alcanzado incluso la etapa más primitiva de humanidad nunca puede descender nuevamente al plano de la vida animal inferior. Aunque pueda tener una naturaleza bestial, ha adquirido algo que los animales carecen, y ese algo nunca puede perderlo. Del mismo modo, aunque como raza debamos esperar hasta que se alcancen ciertos períodos antes de poder avanzar, el individuo que ha superado la necesidad de un renacimiento inmediato no está obligado a reencarnar como un ser humano de la presente etapa de desarrollo, sino que puede esperar hasta que la raza "lo alcance", por así decirlo, cuando pueda unirse a ella en su avance ascendente. Durante ese período intermedio, puede residir en los planos superiores del mundo astral o en una estancia temporal consciente en otras esferas materiales, ayudando en la gran obra de la evolución de toda la vida.

En lo que respecta a la persona espiritualmente despierta, lejos de verse obligada a sufrir continuos renacimientos involuntarios, no renace a menos que sea con su propio consentimiento y deseo, y mantenido una continuidad de conciencia. Esta continuidad de conciencia depende del logro espiritual alcanzado. Muchos de los que leen estas líneas son parcialmente conscientes de sus existencias pasadas en la carne, y su atracción hacia este tema se debe a esa semiconsciencia y reconocimiento de la verdad. Otros, que actualmente están en la carne, tienen diversos grados de conciencia, llegando en algunos casos a recordar plenamente sus vidas anteriores. Ten la seguridad, querido estudiante, que una vez alcances cierto nivel de despertar espiritual (y es posible que ya lo hayas alcanzado), dejarás atrás el renacimiento inconsciente. Después de abandonar tu cuerpo actual y tras un período de descanso espiritual, no renacerás hasta que estés preparado y dispuesto, llevando contigo un recuerdo continuo de todo lo que elijas conservar en tu nueva vida. Por lo tanto, no te preocupes por los renacimientos forzados, sin tener voz en ello, y deja de inquietarte por la supuesta pérdida de conciencia en futuras vidas. El logro espiritual es un proceso lento y arduo, pero cada centímetro ganado es un paso adelante, y nunca se puede retroceder ni perder la más mínima parte de lo que se ha ganado.

Sin embargo, aquellos que renacen inconscientemente, como la mayoría de la raza, no lo hacen en contra de su voluntad o deseos. Por el contrario, renacen porque lo desean, ya que sus preferencias y anhelos generan deseos que solo pueden ser satisfechos a través de una nueva vida en el mundo material. Aunque no son plenamente conscientes de esto, se sitúan nuevamente dentro de las operaciones de la Ley de Atracción y son atraídos hacia el renacimiento en el entorno más propicio para permitirles agotar sus deseos y satisfacer sus anhelos. De esta manera, esos deseos y anhelos se extinguen de manera natural, dejando espacio para otros deseos más elevados. Mientras las personas anhelen intensamente las cosas materiales, los placeres carnales y las experiencias de la vida material, y no puedan separarse voluntariamente de tales cosas, serán atraídas hacia el renacimiento para que esos deseos puedan ser gratificados o satisfechos. Sin embargo, cuando alguien, a través de la experiencia de muchas vidas, ha aprendido a ver esas cosas tal como son y a reconocer que no forman parte de su verdadera naturaleza, entonces el ferviente deseo disminuye y finalmente muere. Esa persona escapa del funcionamiento de la Ley de Atracción y no necesita renacer hasta que abrace algún deseo o aspiración superior, ya que la evolución de la humanidad trae consigo nuevas eras y razas.

Es como elevarse por encima de la atmósfera terrestre, trascender la esfera de atracción de la Tierra y esperar a que ésta gire debajo de uno para poder observar desde una perspectiva elevada el lugar que se desea visitar. En ese momento, simplemente bastaría con descender y dejarse llevar por la fuerza de gravedad ejercida por la Tierra, atrayéndolo hacia el lugar deseado.

La idea de un renacimiento obligatorio resulta horrible para la mente de la persona promedio, y con justa razón, ya que va en contra de su sentido intuitivo de justicia y la verdad que encierra esta gran ley de la Vida. Estamos aquí porque así lo deseamos, en obediencia a la Ley de Atracción, la cual opera de acuerdo con nuestros deseos y aspiraciones, generalmente impulsados por anhelos, después de haber dejado nuestro último cuerpo físico y haber pasado por el período de descanso que siempre sigue a una vida. Nunca estaremos en ningún otro lugar, ni en ninguna otra vida, a menos que sea por virtud de esa misma ley, que entra en acción de la misma manera. Es cierto que el período entre vidas nos brinda la oportunidad de recibir el conocimiento superior del Espíritu de manera más clara que cuando estamos perturbados por las cosas materiales. Sin embargo, incluso con esta ayuda adicional, muchas veces nuestros deseos son lo suficientemente fuertes como para hacer que rechacemos las suaves indicaciones del Espíritu sobre lo que es mejor para nosotros (como también lo hacemos en nuestra vida diaria) y nos dejamos llevar por la corriente del deseo, siendo arrastrados hacia un nuevo nacimiento en condiciones que nos permitan manifestar y expresar esos deseos y anhelos. A veces, la voz del Espíritu nos influye hasta cierto punto y nacemos en condiciones que representan un compromiso entre las enseñanzas del Espíritu y los deseos más mundanos. El resultado es una vida llena de deseos en conflicto y anhelos inquietos, pero todo esto es una promesa de mejores condiciones en el futuro.

Cuando uno se ha desarrollado tanto como para estar abierto a la influencia de la Mente Espiritual en su vida física, puede tener la certeza de que su próxima elección de renacimiento se realizará con la plena aprobación y sabiduría de esa parte superior de su mente. En este estado de desarrollo, los errores del pasado serán evitados y superados.

Como afirmación general de la verdad, podemos decir que aquellos que realmente nutren en su interior esa conciencia de haber existido siempre y de estar destinados a una existencia sin fin, no tienen motivo para temer los futuros renacimientos inconscientes. Han alcanzado un estado de conciencia en el cual serán conscientes de todo el proceso de las encarnaciones futuras y harán la transición (si así lo desean) de la misma manera en que uno cambia de residencia o viaja de un país a otro. Han sido "liberados" de la necesidad del renacimiento inconsciente y del deseo ciego que ha sido su condición en el pasado, y que es la suerte de la mayoría de la humanidad.

Ahora, después de este extenso preámbulo, veamos lo que realmente significa la evolución espiritual, tal como es enseñada por los yoguis.

La Filosofía Yogui enseña que el ser humano siempre ha vivido y siempre vivirá. Considera que lo que llamamos muerte es simplemente caer dormido para despertar a la mañana siguiente. Que la muerte no es más que una pérdida temporal de la conciencia. Que la vida es continua y su objetivo es el desarrollo, el crecimiento, el despliegue. Que estamos en la eternidad ahora. Que el alma es el Ser Real y no solo un simple apéndice o anexo del cuerpo físico, como muchos parecen creer. Que el alma puede existir tanto dentro como fuera del cuerpo, aunque ciertas experiencias y conocimientos solo se pueden obtener a través de una existencia física —ese es el porqué de esa existencia. Que ahora tenemos cuerpos simplemente porque los necesitamos, pero a medida que progresemos más allá de cierto punto, no necesitaremos los tipos de cuerpos que tenemos actualmente y seremos liberados de ellos. Que en los planos más densos de la vida, el alma ocupaba cuerpos mucho más materiales que el nuestro, y que en planos superiores, el alma ocupará cuerpos más sutiles. Que mientras vivimos las experiencias de una vida terrenal, salimos del cuerpo hacia un estado de descanso y luego renacemos en cuerpos y condiciones acorde a nuestras necesidades y deseos. Que la vida real es, en realidad, una sucesión de vidas, de renacimientos, y que nuestra vida actual es simplemente una de las innumerables vidas anteriores, siendo nuestro yo actual el resultado de las experiencias obtenidas en nuestras existencias previas.

La Filosofía Yogui sostiene que el alma ha existido a lo largo de eras, abriéndose paso a través de innumerables formas, de lo inferior a lo superior, siempre progresando, siempre desarrollándose. Que seguirá desarrollándose y desplegándose a través de incontables eras, en diversas formas y fases, pero siempre ascendiendo hacia niveles más elevados. El universo es vasto y extenso, con innumerables mundos y esferas para sus habitantes, y no estaremos atados a la Tierra ni un solo momento después de estar preparados para avanzar hacia planos y esferas superiores. Los yoguis enseñan que, si bien la mayoría de la raza se encuentra en la etapa inconsciente de la evolución espiritual, aún hay muchos que están despertando a la verdad y desarrollando una conciencia espiritual sobre la verdadera naturaleza y el futuro del ser humano. Estas personas espiritualmente despiertas nunca más tendrán que experimentar el ciclo del continuo renacimiento inconsciente, sino que su desarrollo futuro será en un plano consciente y disfrutarán plenamente de la constante progresión y desarrollo, en lugar de ser simples peones en el tablero de ajedrez de la vida. Los yoguis enseñan que existen muchas formas de vida mucho más inferiores que la humana, tan inferiores que no podemos concebir su existencia, así como también hay niveles de vida tan superiores a nuestro actual plano de desarrollo que nuestra mente no pueden captar la idea. Aquellas almas que han recorrido el sendero que ahora estamos recorriendo, nuestros Hermanos Mayores, nos brindan constantemente su ayuda y aliento, y a menudo nos extienden su mano para ayudarnos, aunque no lo reconozcamos. En los planos que están más allá del nuestro, existen inteligencias que alguna vez fueron humanos como nosotros, pero que ahora han progresado tanto en la escala que, comparados con nosotros, son ángeles y arcángeles. Y algún día seremos similares a ellos.

La Filosofía Yogui enseña que Tú, que estás leyendo estas líneas, has vivido muchas, muchas vidas. Has vivido en formas inferiores de vida, ascendiendo gradualmente en la escala. Después de pasar a la fase humana de la existencia, viviste como cavernícola, habitante de los acantilados, ser salvaje, bárbaro; guerrero, caballero; sacerdote; erudito de la Edad Media; ahora en Europa; ahora en India; ahora en Persia; ahora en Oriente; ahora en Occidente. En todas las épocas, en todos los climas, entre todos los pueblos, de todas las razas, tú has vivido, has tenido tu existencia, has desempeñado tu papel y has muerto. En cada vida has adquirido experiencia, has aprendido lecciones, te has beneficiado de tus errores, has crecido, te has desarrollado y evolucionado. Cuando dejaste el cuerpo y entraste en el período de descanso entre encarnaciones, tu memoria de la vida pasada se desvaneció gradualmente, pero dejó en su lugar el resultado de las experiencias que habías obtenido en ella. De la misma manera que no recuerdas mucho acerca de un cierto día o semana de hace veinte años, las experiencias de ese día o semana han dejado huellas indelebles en tu carácter y han influido en cada una de tus acciones desde entonces. Por lo tanto, aunque hayas olvidado los detalles de tus existencias anteriores, han dejado su huella en tu alma y tu vida cotidiana es lo que es ahora debido a esas experiencias pasadas.

Después de cada vida, ocurre una especie de destilación de las experiencias, y el resultado, el verdadero resultado de la experiencia, pasa a formar parte del nuevo "yo" —del "yo" mejorado— que eventualmente buscará un nuevo cuerpo en el que reencarnarse. Sin embargo, para muchos de nosotros no hay una pérdida total de la memoria de vidas pasadas. A medida que progresamos, llevamos con nosotros un poco más de conciencia en cada vida, y hoy en día muchos de nosotros experimentamos destellos ocasionales de recuerdos de existencias pasadas. A veces presenciamos una escena por primera vez y nos parece maravillosamente familiar, aunque no podamos recordar haberla visto antes. Existe una especie de memoria persistente que nos desconcierta. Podemos ver un cuadro, una antigua obra maestra y sentimos instintivamente como si la hubiéramos contemplado en un pasado remoto, a pesar de no haberla visto antes. Leemos un libro antiguo y nos parece como un viejo amigo, sin embargo, no recordamos haberlo visto antes en nuestra vida actual. Escuchamos una teoría filosófica y de inmediato nos "adherimos a ella", como si fuera algo conocido y amado desde nuestra infancia. Algunos de nosotros aprendemos ciertas cosas como si las estuviéramos volviendo a aprender y, de hecho, así es. Los niños nacen y se convierten en grandes músicos, artistas, escritores o artesanos desde temprana edad, incluso si sus padres no poseen esos talentos. Los grandes genios, como Shakespeare, surgen de familias cuyos miembros no poseen talentos similares y asombran al mundo. Líderes notables, como Abraham Lincoln, provienen de entornos similares, y cuando se les confía responsabilidades, demuestran un genio incomparable. Estas y muchas otras situaciones similares solo se pueden explicar mediante la teoría de una existencia previa. A veces, nos encontramos con personas por primera vez y nos embarga la convicción irrefutable, a pesar de nuestras objeciones, de que las conocemos de antes, de que han tenido un significado para nosotros en el pasado. Sin embargo, nos preguntamos ¿cuándo, oh, cuándo fue eso?.

Algunos estudios nos resultan bastante fáciles, mientras que otros requieren un arduo trabajo para dominarlos. Algunas ocupaciones nos parecen más afines, y a pesar de los obstáculos que se presenten en nuestro camino, seguimos avanzando hacia el trabajo que nos resulta afín. En ocasiones, nos encontramos con obstáculos inesperados o circunstancias que requieren que mostremos poder o cualidades inusuales de nuestra parte y nos sorprendemos al descubrir que tenemos la capacidad para realizar la tarea. Algunos de los escritores y oradores más destacados han descubierto sus talentos de forma "accidental". Todas estas cosas se pueden explicar mediante la teoría de la evolución espiritual. Si la herencia fuera el único factor determinante, ¿cómo es posible que los hijos de los mismos padres difieran tanto entre sí, de sus padres y parientes de ambos lados de la familia? ¿Todo es herencia o regresión? Entonces, por favor, dime ¿de quién heredó Shakespeare sus talentos? ¿A quién se remontan?

Se podrían acumular argumentos tras argumentos para demostrar la razonabilidad de la teoría del renacimiento, pero ¿de qué serviría? El individuo podría comprenderla intelectualmente y admitir que es una hipótesis de trabajo razonable, pero ¿qué concepción intelectual ha dado alguna vez paz al alma, le ha dado ese sentido de realidad y verdad que le permitiría descender en el valle de la sombra de la muerte sin vacilar, con una sonrisa en su rostro? ¡No! Tal certeza solo proviene de la luz que la Mente Espiritual arroja sobre las facultades mentales inferiores. El intelecto puede organizar los hechos y deducir un curso de acción a partir de ellos, pero el alma solo se satisface con las enseñanzas del Espíritu, y hasta que las reciba, debe sentir esa inquietud e incertidumbre que surge cuando el intelecto se despliega y formula esa poderosa pregunta "¿Por qué?", a la cual no puede responder por sí mismo.

La única respuesta a la pregunta: "¿Es un hecho el renacimiento?" Es: "¿Tu alma lo reconoce como tal?" Hasta que el alma sienta por sí misma que la teoría es verdadera y se alinee con esa convicción interna, no tiene sentido debatir sobre el tema. El alma debe reconocerlo por sí misma y responder a su propia pregunta. Es cierto que la presentación de la teoría (nosotros la llamamos "teoría", pero los yoguis la conocen como un hecho) despertará recuerdos en la mente de algunos y les dará el coraje para considerar como razonables los pensamientos y preguntas a medio formar que han estado flotando en sus mentes durante años, pero eso es todo lo que puede hacer. Hasta que el alma comprenda y "sienta" la verdad del renacimiento, seguirá vagando y trabajando en el plano subconsciente de la vida, siendo forzada a renacer por sus propios deseos y anhelos, perdiendo en gran medida la conciencia. Sin embargo, una vez que el alma ha comenzado a "sentir" la verdad, ya no es la misma. Lleva consigo recuerdos del pasado, a veces débiles y a veces claros, y comienza a manifestar una elección consciente en cuanto al renacimiento. Así como la planta trabaja en el plano subconsciente y el animal en un plano semiconsciente —y el ser humano en planos de conciencia gradualmente crecientes— el ser humano evoluciona gradualmente desde la etapa subconsciente del renacimiento, hacia el plano semiconsciente, y luego continúa aumentando su conciencia a lo largo del tiempo hasta vivir en el plano consciente tanto en su vida física como durante el período de descanso y en el nuevo nacimiento. En la actualidad, existen personas entre nosotros (pocas, es cierto, pero más de lo que la mayoría imagina) que tienen plena conciencia de sus existencias pasadas, y han tenido esa conciencia desde su infancia, aunque sus días de infancia transcurrieron en un estado de ensoñación hasta que sus cerebros físicos se desarrollaron lo suficiente para permitir que el alma pensara con claridad. De hecho, muchos niños parecen tener una tenue conciencia del pasado, pero por temor a los comentarios de los adultos, aprenden a reprimir estos fragmentos de recuerdo hasta que dejan de evocarlos.

A los que no han despertado a la verdad del renacimiento no se les puede imponer con argumentos, y aquellos que "sienten" la verdad no necesitan argumentos. Por lo tanto, en esta breve presentación de la teoría no hemos tratado de argumentar. Aquellos que están leyendo esta lección se sienten atraídos hacia el tema debido al interés despertado en alguna vida pasada, y realmente sienten que debe haber algo de verdad en ello, aunque todavía no hayan llegado a un punto en el que puedan asimilarlo completamente.

Muchos de aquellos a quienes sus sentimientos más íntimos o sus recuerdos fragmentarios les hacen comprender la verdad de la proposición, muestran cierta resistencia a aceptarla plenamente. Temen la idea de renacer sin su consentimiento o conocimiento. Pero, como les hemos dicho, ese temor es infundado y si realmente están empezando a "sentir" la verdad del renacimiento, su período de manifestación subconsciente en ese plano está llegando a su fin.

Muchas personas dicen que no desean volver a vivir, pero, en realidad, quieren decir que no les gustaría vivir la misma vida que tienen. Por supuesto que no, no quieren volver a vivir las mismas experiencias. Sin embargo, si hay algo que desean en la vida, un puesto que les gustaría ocupar, un deseo que sienten que necesita ser satisfecho para ser felices, entonces sí quieren volver a vivir para lograr lo que les falta. Están aquí porque querían estar aquí, o tenían deseos que clamaban por satisfacción. Volverán a vivir en las circunstancias necesarias para gratificar sus deseos o aspiraciones, o quizás para adquirir la experiencia necesaria para un crecimiento espiritual más elevado.

Para el estudiante de este tema de la evolución espiritual, se abre un mundo de hechos interesantes. Se arroja luz sobre la historia y el progreso de la humanidad y se presenta un fascinante campo de investigación. Debemos resistir la tentación de adentrarnos en esta rama del tema, ya que nos llevaría por senderos atractivos que no podemos explorar en estas lecciones elementales debido a la falta de espacio. Sin embargo, podemos decir algo al respecto.

La Tierra forma parte de una cadena de planetas en nuestro sistema solar, todos los cuales están estrechamente conectados entre sí en esta gran ley de evolución espiritual. Grandes oleadas de vida recorren la cadena, llevando una raza tras otra a lo largo de la cadena, de un planeta a otro. Cada raza permanece en cada planeta durante un período determinado y luego, habiendo evolucionado, avanza hacia el siguiente planeta inmediatamente superior en la escala de la evolución, encontrando allí las condiciones más adecuadas para su desarrollo. Sin embargo, este progreso de un planeta a otro no es circular, sino que se asemeja a una espiral, dando vueltas una y otra vez y, al mismo tiempo, ascendiendo cada vez más con cada giro.

Supongamos que un alma habita en cualquiera de los planetas de nuestra cadena planetaria, en un estado comparativamente menos desarrollado en términos de crecimiento espiritual, ocupando un lugar bajo en la escala de la evolución. Esta alma adquiere las experiencias que le corresponden en esa etapa, a través de una serie de encarnaciones, y luego es arrastrada hacia el siguiente planeta más elevado de la cadena, junto con el resto de su raza particular, y se reencarna allí. En este nuevo hogar, ocupa un plano claramente más avanzado que en el anterior, y toda su raza forma allí el núcleo de una nueva raza, algunos actúan como pioneros, mientras que otros les siguen después.

Sin embargo, esta etapa avanzada (en comparación con su etapa en el planeta que acaba de dejar atrás) puede estar muy por debajo en la escala de progreso en comparación con otras razas que habitan en el mismo planeta. Es posible que algunas de las razas más bajas en términos de evolución, que ahora se encuentran en la Tierra, hayan estado más cerca de la etapa más alta de desarrollo en el último planeta que habitaron. No obstante, han experimentado un progreso significativo debido a este cambio, ya que incluso la raza más avanzada en un planeta inferior podría estar menos desarrollada que la raza más baja en un planeta más avanzado de la cadena planetaria. Muchas de las razas que antiguamente habitaron la Tierra, de las cuales ocasionalmente encontramos vestigios, han pasado a una etapa de desarrollo más elevada. La historia nos muestra que una raza tras otra pasó al frente en el desarrollo de la Tierra, desempeñó su papel en el escenario de la acción y luego se fue. ¿Pero hacia dónde? Las filosofías ocultas nos brindan el eslabón perdido de la explicación. Nuestra raza ha evolucionado desde la etapa de la Edad de Piedra y aún más atrás, y continuará progresando, y luego se irá, dando paso a alguna raza más nueva que quizás esté enviando pioneros desde algún otro planeta.

Esto no significa necesariamente que cada raza mencionada en la historia haya abandonado la Tierra. Por el contrario, los ocultistas saben que muchas de las razas conocidas por la historia, si no la mayoría, han reencarnado en algunas de las razas actuales. La confusión surge porque cada raza tiene varias subrazas que en realidad pertenecen a la raza principal. Por ejemplo, los ocultistas saben que los antiguos egipcios, los romanos, los griegos, los atlantes, los antiguos persas, etc., están viviendo en esta Tierra en la actualidad, es decir, las almas que antes se encarnaban en estas razas ahora están encarnadas en algunas de las razas modernas. Pero también hay otras razas, razas prehistóricas, que han desaparecido por completo de la atracción terrestre y han avanzado hacia planos superiores de acción en planetas más elevados. Existen varios planetas que se encuentran en una etapa inferior en la escala de progreso en comparación con la Tierra, así como también hay otros planetas más elevados hacia los cuales nos estamos moviendo. Por supuesto, también existen otros sistemas solares, otras cadenas de soles, otros subuniversos (si se nos permite usar el término), y todo esto está por delante de cada alma, sin importar cuán humilde o modesta sea.

En la actualidad, nuestra raza está atravesando un período de evolución muy importante. Está pasando de la etapa de desarrollo espiritual inconsciente a una etapa consciente. Muchos individuos ya han alcanzado este estado consciente, y muchos más están despertando a él. Eventualmente, toda la raza lo alcanzará, siendo esto precedente a su avance. Este despertar gradual a la conciencia espiritual es lo que está causando esta agitación en el mundo del pensamiento, provocando una ruptura con los viejos ideales y formas establecidas, causando esta hambre de verdad, esta carrera de un lado a otro en busca de nuevas verdades y una reevaluación de las verdades antiguas. Este es un periodo crítico en la historia de nuestra raza, y muchos sostienen que podría implicar una posible división en dos subrazas, una de las cuales poseerá la conciencia espiritual y avanzará por delante de la subraza restante de hermanos más lentos, que deberán progresar gradualmente. Pero la raza volverá a unirse antes de desaparecer definitivamente de la Tierra, ya que está unida por la ley de causa y efecto espiritual.

Todos estamos interesados en el progreso de los demás, no solo porque somos hermanos, sino también porque el desarrollo de nuestra propia alma debe esperar hasta que toda la raza se desarrolle. Por supuesto, el alma más desarrollada no está obligada a reencarnarse simplemente porque su hermano más lento lo haga. Por el contrario, el alma altamente desarrollada pasa un largo período de espera en los planos superiores del mundo astral, mientras que su hermano más lento trabaja en su evolución en repetidos nacimientos. La estancia en los planos superiores proporciona al alma desarrollada gran felicidad y beneficios, como se ha explicado en otras lecciones. Sin embargo, muchas de estas "almas en espera" eligen sacrificar su merecido descanso y regresan a la Tierra para ayudar y elevar a sus hermanos, ya sea en forma de Ayudantes Astrales, o incluso mediante un renacimiento deliberado y consciente aunque no sea necesario para su propio desarrollo espiritual. Eligen deliberadamente el cuerpo de carne, con todas sus cargas, con el propósito de ayudar a sus hermanos más débiles en su camino hacia la meta. Los grandes maestros de las razas han estado compuestos en gran parte por estas almas abnegadas, que voluntariamente "renunciaron al cielo" por amor a sus semejantes. Es muy difícil imaginar el gran sacrificio que implica regresar a una civilización comparativamente poco desarrollada, desde un plano elevado de desarrollo espiritual. Es como un Emerson haciendo trabajo misionero entre los bosquimanos.

¿Hacia qué meta tiende toda esta evolución? ¿Qué significa todo esto? Desde las formas inferiores de vida hasta las más elevadas, todas están en el Camino. ¿A qué lugar o estado conduce el Camino? Intentemos responder pidiéndote que imagines una serie de millones de círculos, uno dentro de otro. Cada círculo significa una etapa de la vida. Los círculos exteriores están llenos de formas de vida en sus estados más bajos y materiales, mientras que los círculos más cercanos al centro contienen formas cada vez más elevadas, hasta que los seres humanos, o lo que una vez fueron seres humanos, se vuelven como dioses. Y sigue, y sigue, y sigue, la forma de vida cada vez más elevada, hasta que la mente humana no puede captar la idea. ¿Y qué hay en el centro? El cerebro de todo el Cuerpo Espiritual: ¡El Absoluto, Dios!

Y nosotros estamos viajando hacia ese centro.

# CAUSA Y EFECTO ESPIRITUAL

La vida es la constante acumulación de conocimiento, el almacenamiento del resultado de las experiencias. La ley de causa y efecto está en constante operación y cosechamos lo que sembramos. No se trata de un castigo impuesto por algún poder superior debido a nuestros pecados, sino que es el efecto natural que sigue a una causa. La teología nos enseña que somos castigados por nuestros pecados, pero el conocimiento superior nos muestra que son nuestros propios errores los que nos castigan, no somos castigados a causa de ellos. El niño que toca la estufa caliente es castigado por el acto mismo, no por algún poder superior por haber "pecado". En gran medida, el pecado es el resultado de la ignorancia y el error. Aquellos que han alcanzado un nivel superior de conocimiento espiritual han adquirido un entendimiento tan convincente sobre la insensatez y la falta de sabiduría de ciertos actos y pensamientos, que les resulta casi imposible cometerlos. Estas personas no temen que haya un ser superior esperando para castigarlos con un poderoso garrote por realizar ciertas acciones, simplemente, porque esa inteligencia ha establecido una ley aparentemente arbitraria que prohíbe la comisión de tales actos. Por el contrario, saben que las inteligencias superiores poseen un profundo amor por todas las criaturas vivientes y están siempre dispuestas a ayudar en la medida en que sea posible bajo el funcionamiento de la ley. Pero estas personas reconocen la insensatez del acto y, por lo tanto, se abstienen de cometerlo. De hecho, han perdido el deseo de cometerlo. Es casi exactamente paralelo al ejemplo del niño y la estufa.

Un niño que quiere tocar la estufa lo hará en cuanto encuentre la oportunidad, a pesar de las advertencias y amenazas de castigo por parte de los padres. Sin embargo, una vez que el niño experimenta el dolor de una quemadura y comprende la conexión entre una estufa caliente y un dedo quemado, se alejará de la estufa. Los padres amorosos desean proteger a sus hijos de las consecuencias de sus propias locuras, pero la naturaleza infantil insiste en aprender ciertas cosas a través de la experiencia, y los padres no pueden evitarlo. En realidad, el niño que es vigilado en exceso y restringido a menudo tiende a "rebelarse" más adelante en la vida, y aprende ciertas lecciones por sí mismo. Lo único que los padres pueden hacer es rodear al niño con las precauciones adecuadas y brindarle el beneficio de su sabiduría, parte de la cual el niño almacenará, y luego confiar en la ley de la vida para que produzca el resultado.

Así, el alma humana continúa sometiéndose a pruebas y experiencias en todas las fases de la vida, pasando de una encarnación a otra, aprendiendo constantemente nuevas lecciones y adquiriendo nueva sabiduría. Tarde o temprano descubre lo perjudicial que son ciertos cursos de acción, descubre la insensatez de ciertas conductas y formas de vida, y al igual que el niño quemado, evita esas cosas en el futuro. Todos sabemos que hay cosas que "no nos tientan" porque hemos aprendido la lección en alguna vida pasada y no necesitamos volver a aprenderla, mientras que otras cosas nos tientan y nos causan mucho dolor. ¿De qué serviría todo este dolor y tristeza si solo existiera esta vida? Sin embargo, llevamos el beneficio de nuestra experiencia a otra vida y evitamos el dolor allí. Al observar a nuestro alrededor, podemos preguntarnos por qué algunas personas no pueden ver la locura de ciertas acciones, cuando para nosotros es tan evidente. Pero olvidamos que hemos pasado por la misma etapa de experiencia que ellos están experimentando ahora, y hemos superado el deseo y la ignorancia. No nos damos cuenta de que en vidas futuras, estas personas estarán libres de esa locura y dolor, porque habrán aprendido la lección a través de la experiencia, al igual que nosotros.

Es difícil para nosotros comprender plenamente que somos lo que somos por el resultado de nuestras experiencias. Tomemos como ejemplo una sola vida. Puedes pensar que te gustaría eliminar de tu vida alguna experiencia dolorosa, algún episodio vergonzoso, alguna circunstancia humillante. Pero alguna vez te has detenido a pensar que si fuera posible eliminar estas cosas, necesariamente te verías obligado a renunciar a la experiencia y al conocimiento que te han llegado a través de esas situaciones. ¿Estarías dispuesto a renunciar al conocimiento y la experiencia que has obtenido a causa de esa situación? ¿Estarías dispuesto a volver al estado de inexperiencia e ignorancia en el que te encontrabas antes de que ocurriera? Porque si volvieras al estado anterior, serías extremadamente propenso a cometer la misma locura nuevamente. ¿Cuántos de nosotros estaríamos dispuestos a borrar por completo las experiencias que hemos tenido? Estamos dispuestos a olvidar lo ocurrido, pero sabemos que la experiencia resultante se ha incorporado a nuestro carácter, y no estaríamos dispuestos a renunciar a ella, porque sería quitar una parte de nuestra estructura mental. Si tuviéramos que desprendernos de las experiencias adquiridas a través del dolor, primero nos desprenderíamos de una parte de nosotros mismos, y luego de otra, hasta que al final no nos quedaría más que la cáscara mental de nuestro antiguo yo.

Pero, podrías preguntar, ¿de qué sirven las experiencias adquiridas en vidas anteriores, si no las recordamos?, están perdidas para nosotros. Sin embargo, te digo que no están perdidas para ti, están incorporadas en tu estructura mental y nada te las puede quitar, son tuyas para siempre. Tu carácter está compuesto no solo por tus experiencias en esta vida particular, sino también por el resultado de tus experiencias en muchas otras vidas y etapas de existencia. Eres lo que eres hoy debido a estas experiencias acumuladas, las experiencias de las vidas pasadas y de la vida presente. Puedes recordar algunas cosas de la vida presente que han moldeado tu carácter, pero has olvidado muchas otras, igualmente importantes, no obstante, el resultado permanece contigo, entretejido en tu ser mental. Aunque recuerdes poco o nada de tus vidas pasadas, las experiencias adquiridas en ellas continúan contigo, ahora y para siempre. Son estas experiencias pasadas las que te dan "predisposiciones" en ciertas direcciones, las que hacen que te resulte muy difícil hacer ciertas cosas y fácil hacer otras, que te hacen reconocer "instintivamente" ciertas cosas como imprudentes y erróneas, y te llevan a apartarlas como locuras. Determinan tus gustos e inclinaciones y hacen que algunos caminos te parezcan mejores que otros. Nada se pierde en la vida y todas las experiencias del pasado contribuyen a tu bienestar en el presente. Todos tus problemas y dolores actuales darán fruto en el futuro.

No siempre aprendemos la lección en una sola prueba, y se nos envía de nuevo a nuestra tarea una y otra vez, hasta que la hayamos cumplido. Pero nunca se pierde el más mínimo esfuerzo, y si hemos fracasado en la tarea en el pasado, hoy nos resulta más fácil llevarla a cabo.

En la revista 'Century' de mayo de 1894, el escritor estadounidense Sr. Berry Benson nos ofrece una hermosa ilustración de una de las características del funcionamiento de la ley de la evolución espiritual. A continuación, presentamos dicha ilustración:

"Un niño fue a la escuela. Era muy pequeño. Todo lo que sabía lo había aprendido junto con la leche de su madre. Su maestro (que era Dios) lo puso en la clase más elemental y le dio estas lecciones para aprender: No matarás. No harás daño a ningún ser vivo. No robarás. Entonces, el hombre no mató, pero fue cruel y robó. Al final del día, cuando su barba se volvió gris y llegó la noche, su maestro (que era Dios) dijo: Has aprendido a no matar, pero no has aprendido las otras lecciones. Vuelve mañana.

"Al día siguiente regresó como un niño pequeño. Y su maestro (que era Dios) lo puso en una clase un poco más alta y le dio estas lecciones para aprender: No harás daño a ningún ser vivo. No robarás. No engañarás. Entonces, el hombre no hizo daño a ningún ser vivo, pero robó y engañó. Y al final del día, cuando su barba se volvió gris y llegó la noche, su maestro (que era Dios) dijo: Has aprendido a ser misericordioso, pero no has aprendido las otras lecciones. Vuelve mañana.

"Nuevamente, al día siguiente, regresó como un niño pequeño. Y su maestro (que era Dios) lo puso en una clase aún más alta y le dio estas lecciones para aprender: No robarás. No engañarás. No codiciarás. Entonces, el hombre no robó, pero engañó y codició. Y al final del día, cuando su barba se volvió gris y llegó la noche, su maestro (que era Dios) dijo: Has aprendido a no robar, pero no has aprendido las otras lecciones. Vuelve mañana, hijo mío.

"Esto es lo que he leído en los rostros de hombres y mujeres, en el libro del mundo y en el pergamino de los cielos, que está escrito con estrellas".

La gran lección que debe aprender cada alma es la verdad de la Unidad de Todo. Este conocimiento conlleva todo lo demás. Nos lleva a seguir el precepto del Hijo de

María, quien dijo: "Amarás al Señor, tu Dios, con todo tu corazón, con toda tu alma, con toda tu mente y con todas tus fuerzas"; y "Amarás a tu prójimo como a ti mismo". Cuando el individuo llega a la conciencia de la verdad de que Todo es Uno, que cuando uno ama a Dios está amando a Todo, que su prójimo es realmente él mismo, entonces, le quedan pocas clases más que pasar antes de ingresar a la "Escuela Superior" del Conocimiento Espiritual. Esta convicción de la Unidad de Todo conlleva ciertas reglas de acción, una ética divina que trasciende todas las leyes humanas escritas o habladas. La Paternidad de Dios y la Hermandad Humana se convierten en una realidad más que una simple repetición de palabras vacías.

Esta gran lección debe ser aprendida por todos, y gradualmente todos la están aprendiendo. Este es el objetivo y el fin de la etapa actual de la evolución espiritual: conocer a Dios tal como es, conocer nuestra relación con los demás, saber quiénes somos. Existen escuelas, colegios y universidades de conocimiento espiritual más allá de nosotros, pero estas verdades son las lecciones que se enseñan en los grados en los que nos encontramos actualmente. Todo este dolor, los problemas, la tristeza y el trabajo han sido solo para enseñarnos estas verdades. Sin embargo, una vez que se obtiene la verdad, se percibe que vale la pena incluso el gran precio que se ha pagado por ella.

Si le preguntas a los yoguis cuál es el deber de uno hacia Dios, entendiendo a Dios en su concepción más grandiosa, te responderán: "Ámalo y el resto se te aclarará. Conocerlo es amarlo, por lo tanto, aprende a conocerlo". Y si les preguntas cuál es el deber de uno hacia sus semejantes, simplemente te responderán: "Sé amable y serás todo lo demás". Estos dos preceptos, si se siguen, permitirán vivir la Vida Perfecta. Son simples, pero contienen todo lo que vale la pena saber acerca de las relaciones con el Poder Infinito y con los semejantes. Todo lo demás es espuma y sedimento, los desechos inútiles que se han acumulado alrededor de la Llama Divina de la Verdad. Los mencionamos aquí porque resumen la idea cuya conciencia toda la raza se esfuerza por adquirir. Si puedes hacerlos parte de ti mismo, habrás progresado mucho en el Camino, habrás pasado el Gran Examen.

La doctrina de la causa y efecto espiritual se basa en la gran verdad de que, bajo la Ley, cada individuo es prácticamente dueño de su propio destino, su propio juez, su propio otorgador de recompensa y de castigo. Cada pensamiento, palabra o acción tiene su efecto en la vida presente o en vidas futuras de la persona, no en el sentido de recompensa o castigo, tal como generalmente se entienden estas palabras, sino como el resultado inevitable de la gran Ley de causa y efecto. La operación de la Ley nos rodea con un conjunto de condiciones en cada nuevo nacimiento, y esto está influenciado por dos grandes principios generales: (1) Los deseos, aspiraciones, gustos, aversiones y anhelos predominantes del individuo en esa etapa particular de su existencia. (2) La influencia del despliegue del Espíritu que, ávidamente impulsado hacia una expresión más plena y menos restrictiva, ejerce una influencia sobre el alma que se está reencarnando, llevándola a elegir las condiciones deseables de su nuevo nacimiento. En estas influencias aparentemente conflictivas de estas dos grandes fuerzas descansa toda la cuestión de las circunstancias y condiciones que rodean el renacimiento del alma, así como muchas de las condiciones que afectan la personalidad en la nueva vida, ya que estas condiciones están ampliamente gobernadas a lo largo de la vida por estas fuerzas conflictivas (o aparentemente conflictivas).

El impulso de los deseos, aspiraciones y hábitos de la vida pasada presiona fuertemente al alma hacia la encarnación en condiciones que se ajusten mejor a la expresión y manifestación de estos gustos, preferencias y deseos. El alma desea continuar en la línea de su vida pasada y, naturalmente, busca circunstancias y entornos que sean los más adecuados para la expresión más libre de su personalidad. Sin embargo, al mismo tiempo, el Espíritu dentro del alma sabe que el desarrollo del alma necesita ciertas condiciones adicionales para sacar a la luz ciertas partes de su naturaleza que han sido reprimidas o no desarrolladas, por lo tanto, ejerce una atracción sobre el alma que se está reencarnando, desviándola un poco de su curso elegido e influenciando esa elección hasta cierto punto.

Una persona puede tener un deseo abrumador de riqueza material, y la fuerza de ese deseo lo llevará a elegir circunstancias y condiciones para renacer en una familia donde haya mucha riqueza, o en un cuerpo adecuado para lograr sus deseos. Sin embargo, el Espíritu, sabiendo que el alma ha descuidado el desarrollo de la bondad, la desviará un poco y hará que la persona se vea envuelta en circunstancias que den como resultado dolor, decepción y pérdida, a pesar de alcanzar una gran riqueza en su nueva vida, con el fin de permitirle desarrollar esa parte de su naturaleza.

Podemos ver ejemplos de este último caso en algunos de los hombres más ricos de América. Han nacido en circunstancias en las que han tenido la expresión más libre del deseo de riqueza material. Han poseído las facultades mejor adaptadas a ese fin y han logrado rodearse de circunstancias que les brindan la manifestación más amplia de esas facultades. Han alcanzado el deseo de su corazón y han acumulado riqueza de una manera desconocida en épocas pasadas. Sin embargo, en su mayoría, se sienten muy infelices e insatisfechos. Su riqueza es una carga que llevan a cuestas y están atormentados por el miedo de perderla y por la ansiedad de mantenerla. Sienten que no les ha proporcionado una felicidad real, sino que, por el contrario, los ha separado de sus semejantes y de la felicidad que conocen aquellos que tienen medios moderados. Se sienten inquietos y agitados, y constantemente buscan alguna nueva emoción que distraiga sus mentes de la contemplación de su verdadera condición. Sienten que tienen un deber hacia la raza, y aunque no comprenden muy bien el sentimiento que hay detrás de todo esto, se esfuerzan por equilibrar las cosas contribuyendo a colegios, hospitales, organizaciones benéficas y otras instituciones similares que han surgido en respuesta al despertar de la conciencia de la raza a la realidad de la Hermandad Humana y la Unidad de Todo.

Antes de que llegue el final, sentirán en lo más profundo de su alma que este éxito no les ha traído la verdadera felicidad, y en el período de descanso que seguirá a su partida del cuerpo físico, harán un "balance" de sí mismos y reajustarán sus asuntos mentales y espirituales, de modo que cuando vuelvan a nacer ya no dedicarán todas sus energías a acumular riqueza que no pueden utilizar, sino que llevarán una vida más equilibrada, encontrarán la felicidad en lugares inesperados y se desarrollarán más espiritualmente. Esto no se debe a que hayan sido impresionados con el sentido de alguna "maldad" especial en la obtención excesiva de dinero, sino porque el alma ha descubierto que no consiguió la felicidad de esa manera y busca en otros lugares, y porque ha extinguido el deseo de riqueza y ha dirigido su atención hacia otras cosas. Si el Espíritu no hubiera ejercido su influencia, el alma podría haber nacido en condiciones propicias para generar riqueza y no haber sido consciente de la falta de equilibrio de una vida así. En tal caso, habría continuado poseída de un deseo excesivo de riqueza y renacería una y otra vez, cada vez con más poder, hasta convertirse prácticamente en un demonio del dinero. Pero la influencia del Espíritu siempre contrarresta los deseos excesivos, aunque a veces se requieran varias encarnaciones antes de que el alma agote su deseo y comience a ser influenciada de manera marcada por el Espíritu.

En ocasiones, la influencia del Espíritu no es lo suficientemente fuerte como para evitar el renacimiento en condiciones que favorecen en gran medida los antiguos deseos, pero en tales casos a menudo es capaz de manejar los asuntos durante la vida del individuo a fin de enseñarle la lección necesaria para poner fin a sus deseos desenfrenados, llevándolo a la corriente de la Ley de Atracción y haciendo que le sobrevenga cierto dolor, cierta decepción, cierto fracaso, que le hará comprender el dolor, la decepción, los fracasos y la tristeza de los demás, y le conducirá a una forma de vida que le ayudará a desarrollar sus facultades superiores. Muchos de los golpes repentinos de "desgracia", en realidad, son causados por este principio superior del ser humano, con el fin de enseñarle ciertas lecciones, para su propio bien. No es necesariamente un Poder Superior el que hace que alguien aprenda estas lecciones de vida, sino que generalmente es su propio Ser Superior, el Espíritu dentro de él, el que produce estos resultados. El Espíritu sabe lo que es realmente mejor para el individuo y cuando ve que su naturaleza inferior se descontrola, intenta hacerlo cambiar de rumbo o detenerlo abruptamente, si es necesario. Recuerda, esto no es un castigo, sino la mayor bondad. El Espíritu es una parte de ese individuo y no un poder externo, aunque, por supuesto, es la parte Divina de él —la parte de él que está más en contacto con la gran Inteligencia Suprema que llamamos Dios. Este dolor no es causado por ningún sentimiento de justa indignación, venganza, impaciencia o sentimientos similares por parte del Espíritu, sino que es semejante al sentimiento de los padres más amorosos que se ven obligados a quitar de las manos de su pequeño hijo algo peligroso que puede lastimarlo; es la mano que aleja al niño del borde del precipicio, aunque el pequeño grite de rabia y decepción porque sus deseos se ven frustrados.

El hombre o la mujer en quienes la Mente Espiritual se ha desarrollado ven esta condición de las cosas y, en lugar de luchar contra el Espíritu, se entregan a él sin resistencia y obedecen su guía, evitando así mucho dolor. Sin embargo, aquellos que no saben esto, se enfurecen y se rebelan contra la mano que los restringe y los guía, la golpean e intentan librarse de ella, atrayendo así experiencias amargas que son necesarias debido a su rebeldía. Tenemos la tendencia a resentir las influencias externas en nuestros asuntos, por lo que esta idea de restricción no nos resulta agradable. Pero si tan solo recordamos que es una parte de nosotros mismos, la parte más elevada de nosotros que está dirigiendo esto, podremos las cosas desde una perspectiva diferente. Debemos recordar que no importa cuán adversas nos parezcan las circunstancias o condiciones, son exactamente lo que necesitamos en las circunstancias de nuestra vida y tienen como único objetivo nuestro bien último. Es posible que necesitemos fortalecernos en ciertos aspectos, para ser más completos, y es probable que obtengamos justo las experiencias diseñadas específicamente para completar esa parte particular de nosotros. Tal vez nos estemos inclinando demasiado en una dirección, y se nos brinde una restricción y un impulso en otra dirección. Todas estas pequeñas y grandes cosas tienen un significado. Además, nuestros intereses están vinculados, en mayor o menor medida, con los de los demás debido a la ley de atracción, y nuestros actos pueden tener la intención de reflejarse en ellos y los suyos en nosotros, para nuestro mutuo desarrollo y bienestar último. Tendremos más que decir sobre este tema más adelante.

Si nos detenemos y consideramos calmadamente nuestra vida pasada (nos referimos en esta vida presente), veremos que ciertas cosas han llevado a otras, que pequeñas cosas han llevado a grandes cosas y que pequeños puntos de inflexión han provocado cambios completos en nuestra vida. Podemos rastrear lo más importante de nuestra vida hasta algún incidente o suceso aparentemente insignificante. Al mirar hacia atrás, podemos ver que las experiencias dolorosas del pasado nos han fortalecido y nos han llevado hacia una vida más plena y más amplia. Incluso podemos reconocer que situaciones pasadas, que en su momento parecían crueles e injustificadas, han sido precisamente las que nos han conducido a algo grandioso en el presente. Todo lo que se necesita es la perspectiva de los años. Si logramos ver esto, seremos capaces de soportar con una filosofía más profunda el dolor y los eventos desagradables del presente, sabiendo que tienen como propósito nuestro bien último. Cuando dejemos de considerar estas experiencias como castigos o como intromisiones caprichosas de algún poder externo, o como crueldad de la Naturaleza, y comencemos a verlas como consecuencias de nuestras propias vidas pasadas o como el resultado de la guía del Espíritu, dejaremos de protestar y luchar, como lo hemos hecho en el pasado, y nos esforzaremos por ajustarnos al funcionamiento de la gran Ley, evitando así la fricción y el dolor. Sin importar el dolor, la tristeza o los problemas que estemos enfrentando, si nos abrimos a la guía del Espíritu, se nos mostrará un camino, paso a paso, y si lo seguimos, encontraremos paz y fortaleza. La Ley no carga sobre una espalda más de lo que puede soportar, y no solo templa el viento al cordero esquilado, sino que también templa al cordero esquilado para enfrentar el viento.

Hemos hablado de que nuestros intereses están vinculados con los de los demás. Esto también es un principio de la ley de causa y efecto espiritual. En nuestras vidas pasadas nos hemos vinculado a ciertas personas, ya sea por amor o por odio, ya sea por acciones bondadosas o por crueldad. Estas personas, en esta vida, tienen ciertas relaciones con nosotros, todas ellas orientadas hacia el ajuste, el avance y desarrollo mutuos. No es una ley de venganza, sino simplemente la ley de causa y efecto la que nos hace recibir un daño (cuando es necesario) de manos de alguien a quien hemos dañado en alguna vida pasada. De igual manera, no es simplemente una ley de recompensa por hacer el bien, sino esa misma ley de causa y efecto la que hace que alguien, a quien hemos consolado y ayudado en alguna vida pasada, pueda ahora sanar nuestras heridas y brindarnos consuelo. La persona que nos hace daño puede no tener intención de hacerlo, siendo una parte perfectamente inocente, pero somos llevados a condiciones en las que recibimos dolor a través de sus acciones, aunque sea inconsciente de ello. Incluso si nos lastima conscientemente, esto también obedece a la ley, ya que esa persona todavía está en el mismo plano y es atraída por la Ley de Atracción hacia una condición en la que podemos ser lastimados por ella. Sin embargo, esa herida está destinada a beneficiarnos en última instancia. Es asombrosa la forma en que opera la ley de causa y efecto. Por supuesto, una vez que llegamos a la posición donde vemos la verdad, no necesitamos tantas de estas lecciones, y habiendo superado su necesidad, la ley nos permite librarnos de aquello que de otro modo nos habría causado dolor.

La situación mencionada puede ilustrarse con el caso de alguien que, en una vida anterior, obtuvo deliberadamente el amor de otra persona por motivos egoístas y luego, una vez satisfecho su deseo, la desechó como si fuera un juguete desgastado. Si bien no pretendemos ofrecer una descripción exhaustiva del funcionamiento preciso de la ley en un caso particular, aquellos que han observado estos asuntos desde una perspectiva más elevada nos han informado que, en situaciones como la mencionada anteriormente, es probable que el traidor se enamore profundamente de la persona que fue víctima en la vida pasada, pero esta última será completamente incapaz de corresponder a ese afecto, lo que llevará al traidor a experimentar el dolor de amar en vano. Como resultado, el traidor llegará a comprender la naturaleza sagrada del afecto humano y la crueldad de jugar con él. En este caso, podemos observar que la persona que causa el sufrimiento en la vida presente es completamente inocente en todo este asunto y, por lo tanto, no inicia nuevas causas y efectos.

Las personas a quienes hemos amado y con quienes hemos tenido amistad en vidas pasadas tienden a establecer vínculos cercanos con nuestra vida presente, manteniéndose cerca de nosotros debido a la ley de la atracción. Es probable que aquellos con quienes nos relacionamos íntimamente en la actualidad sean aquellos con quienes hemos tenido estrechos lazos en vidas anteriores. Las repentinas preferencias y aversiones que a menudo observamos entre las personas pueden explicarse mediante la teoría del renacimiento, y muchos eventos en nuestra vida cotidiana están regidos por la ley espiritual de causa y efecto. Estamos constantemente entrelazados con las vidas de los demás, ya sea para experimentar dolor o felicidad, y la ley debe seguir su curso. La única forma de escapar de la plena aplicación de esta ley es adquiriendo conocimiento de la verdad y moldeando nuestras vidas de acuerdo con esa verdad superior. En ese caso, nos liberamos de lecciones innecesarias y navegamos en la cima de la ola en lugar de ser arrastrados por ella.

Cuidémonos de no poner en marcha la ley de causa y efecto a través del odio, la malicia, los celos, la ira y la falta de amabilidad hacia los demás. Debemos esforzarnos por ser lo más bondadosos posible, tanto con justicia hacia nosotros mismos como hacia los demás, evitando los sentimientos de odio y el deseo de venganza. Sigamos viviendo nuestras vidas, llevando nuestras cargas con la mayor gracia que podamos invocar, confiando siempre en la guía del Espíritu y en la ayuda de la Inteligencia Superior. Recordemos que todo trabaja en conjunto para el bien, y que no podemos ser privados de ese bien. Tengamos presente que esta vida es solo un grano de arena en el vasto desierto del tiempo, y que nos esperan largas eras en las cuales tendremos la oportunidad de manifestar todas nuestras aspiraciones y deseos más elevados. No debemos desanimarnos, porque Dios reina y todo está bien.

# EL CAMINO DE LA REALIZACIÓN

El estudiante que se haya familiarizado cuidadosamente con los principios fundamentales de la Filosofía Yogui, tal como se exponen en estas lecciones, verá fácilmente que cualquier persona que comprenda y acepte estas enseñanzas y las integre en su vida cotidiana, naturalmente vivirá una vida muy diferente de aquellos para quienes esta vida terrenal actual lo es todo, y que creen que la muerte extingue la individualidad y que no existe vida o vidas futuras. También le llevará a vivir su vida de manera diferente de la persona que cree que somos simplemente criaturas de una Providencia bastante caprichosa, teniendo muy poca responsabilidad propia y que nuestra salvación "depende de una creencia superficial" en ciertas enseñanzas y de una forma determinada de asistencia a ciertas formas de culto religioso. Recuerda, por favor, que la Filosofía Yogui no tiene ninguna objeción con ninguna forma de religión;

enseña que todas las formas de religión son buenas y que cada una tiene un lugar particular que ocupar; cada una satisface la necesidad de la humanidad en algunas de sus etapas. Cree que no importa qué forma de adoración se siga, no importa qué concepción de la Deidad se tenga, cada persona realmente adora a la Gran Inteligencia Única que conocemos con muchos nombres, y que las formas variadas de tal adoración son irrelevantes; el motivo detrás de cada una es la verdadera prueba que debe aplicarse.

La Filosofía Yogui y, de hecho, las enseñanzas de todos los ocultistas, sin importar la raza a la que pertenezcan o el credo particular que favorezcan, sostienen que el ser humano es un ser responsable que verdaderamente crea sus propias condiciones y se otorga sus propias recompensas y castigos como consecuencia natural de sus acciones. También enseña que no puede escapar de su propio bien y que, aunque retroceda cien veces, siempre logrará algún pequeño progreso y, en última instancia, conquistará su naturaleza material y avanzará firmemente hacia la gran meta. Esta filosofía enseña que todos somos hijos de Dios, independientemente de la forma de adoración que prefiramos, y que ninguno de los hijos de Dios está destinado a ser totalmente excluido o condenado. Enseña que son nuestros propios pecados los que nos castigan, en lugar de ser castigados por alguna fuerza externa debido a ellos, y que la ley de causa y efecto trae consigo su resultado inevitable. Pone énfasis en la enseñanza de que "como sembramos, así cosechamos", y muestra exactamente cómo y por qué cosechamos lo que hemos sembrado. Nos muestra cómo nuestros deseos y pasiones inferiores nos arrastrarán hacia abajo y nos rodearán con entornos que nos impulsarán a superarlos, haciéndonos estar tan cansados y descontentos con ellos, que el alma eventualmente retrocederá horrorizada de su vida pasada grosera y material. En ese proceso, recibimos un impulso en la dirección correcta, hacia una mayor evolución espiritual. Además, nos enseña que el Espíritu está siempre con nosotros, deseoso y dispuesto a brindarnos ayuda y guía. A través del Espíritu, estamos en estrecha conexión con la fuente de toda vida y poder.

Los individuos poseen diversos temperamentos, y el camino que mejor se adapta a uno puede no satisfacer las necesidades de otro. Algunos buscarán el progreso y el desarrollo en una dirección específica, mientras que otros lo harán de manera diferente, y un tercero lo buscará a través de un enfoque aún distinto. La Filosofía Yogui enseña que el camino que parece más atractivo para el temperamento y la disposición general de una persona es el más adecuado para su uso en el momento presente. Ellos dividen el camino de la realización en tres senderos que convergen en el gran camino principal. Estos tres senderos se conocen como (1) Raja Yoga, (2) Karma Yoga, (3) Gnani Yoga. Cada una de estas formas de yoga representa un camino que lleva al mismo destino, y cada uno es seguido por aquellos que lo prefieren. En conjunto, estos senderos son conocidos como "El Sendero Triple". A continuación, ofreceremos una breve descripción de cada uno de ellos.

Algunos maestros consideran lo que se conoce como "Bhakti Yoga" como si fuera un camino separado, pero preferimos verlo como un elemento presente en cada uno de los tres senderos. El "Bhakti Yoga" se puede describir como la forma "religiosa" del yoga, ya que enseña el amor y la adoración a Dios tal como se nos presenta a través de los cristales coloreados de nuestro credo particular. No vemos cómo alguien puede seguir cualquiera de los diversos senderos del yoga sin estar lleno de amor y reverencia por el gran Centro de toda Vida, el Absoluto, Dios, sea cual sea el nombre que le demos. El término "Bhakti Yoga" realmente significa "el camino de la devoción". Esperamos que todos nuestros estudiantes, independientemente del sendero que elijan seguir, lleven consigo la devoción inculcada en el "Bhakti Yoga" de la comunidad religiosa a la que pertenecen y no sientan que "El Sendero Triple" requiere que renuncien a lo que han apreciado desde su infancia. Por el contrario, creemos que un estudio cuidadoso de la Filosofía Yogui despertará un nuevo interés en la religión y permitirá a muchos comprender más de lo que antes simplemente "creían ciegamente". Esto los llevará a desarrollar un espíritu religioso más profundo, en lugar de uno más superficial.

El "Raja Yoga" se dedica al desarrollo de los poderes latentes en el ser humano, a la obtención del control de las facultades mentales a través de la voluntad, al dominio del yo inferior y al desarrollo de la mente con el fin de ayudar al alma en su desenvolvimiento. Como primer paso, enseña el cuidado y control del cuerpo, similar a lo que se enseña en el "Hatha Yoga", sosteniendo que el cuerpo debe convertirse en un instrumento eficiente y estar bajo buen control antes de poder obtener los mejores resultados en los aspectos mentales y psíquicos. Gran parte de lo que el mundo occidental ha conocido en los últimos años como "Ciencia Mental" y términos similares, en realidad, caen bajo la categoría de "Raja Yoga". Esta forma de yoga reconoce el maravilloso poder de la mente y la voluntad entrenadas, así como los maravillosos resultados que se pueden lograr mediante su entrenamiento y aplicación a través de la concentración y la dirección inteligente. Enseña que la mente no solo puede dirigirse hacia el exterior, influyendo sobre los objetos y las cosas externas, sino que también puede volverse hacia el interior, concentrándose en el tema específico que tenemos ante nosotros para desplegar y descubrir muchos conocimientos ocultos. Muchos de los grandes inventores practican inconscientemente el "Raja Yoga" en esta aplicación interna, mientras que muchos líderes en el mundo de los negocios hacen uso de su aplicación externa y concentrada para gestionar sus asuntos de manera efectiva.

Sin embargo, el seguidor del camino del "Raja Yoga" no se conforma únicamente con adquirir poderes para los propósitos mencionados anteriormente. Busca alcanzar alturas aún más elevadas y, a través del mismo proceso o por otros similares, logra dirigir el foco de la mente concentrada hacia su propia naturaleza, revelando así numerosos secretos ocultos del alma. Gran parte de la Filosofía Yogui ha sido descubierta y revelada de esta manera. La práctica del "Raja Yoga" es eminentemente práctica y se asemeja al estudio y práctica de la química, ya que se demuestra a sí misma a medida que el estudiante avanza paso a paso. No se basa en teorías vagas, sino que enseña a través de experimentos y hechos, de principio a fin. Esperamos poder proporcionar a nuestros estudiantes en un futuro cercano un enfoque práctico sobre este tema, ya que parece existir una gran necesidad en el mundo occidental, que busca aprender "cómo" realizar aquellas cosas que han sido declaradas posibles por numerosos escritores que comprenden la teoría, pero no están familiarizados con la práctica que acompaña a dicha teoría.

El "Karma Yoga" es el yoga del trabajo. Es el sendero seguido por aquellos que encuentran deleite en su trabajo, aquellos que se interesan en "hacer cosas" ya sea con la mente o con las manos, y aquellos que creen en trabajar "por amor al trabajo". Karma es la palabra sánscrita aplicada a la "Ley de Causa y Efecto Espiritual", de la cual hemos hablado en una lección anterior. El "Karma Yoga" enseña cómo se puede vivir la vida trabajando y mostrando interés por la acción sin verse influenciado por consideraciones egoístas que podrían crear una nueva cadena de causas y efectos, atándonos a objetos y cosas y retrasando así nuestro progreso espiritual. Enseña a "trabajar por amor al trabajo" y no por el deseo de obtener resultados. Aunque pueda parecer extraño para muchos lectores occidentales, es un hecho que muchas personas en el mundo occidental que han logrado mucho han estado impregnadas de esta idea sin darse cuenta, y han trabajado por la alegría de la acción y el esfuerzo creativo, sin preocuparse mucho por los frutos de su trabajo. Algunos de ellos dicen que "han trabajado porque no podían evitarlo", más que por el simple deseo de obtener una ganancia material. El seguidor del "Karma Yoga" a veces siente que no es el verdadero hacedor del trabajo, sino que su mente y su cuerpo están llevando a cabo el trabajo, mientras él mismo se sitúa aparte, observándose trabajar o actuar. Hay fases inferiores y superiores del "Karma Yoga" que no pueden explicarse aquí, ya que cada rama del yoga es en sí misma un gran tema.

El "Gnani Yoga" es el yoga de la sabiduría. Es seguido por aquellos de naturaleza científica e intelectual, a quienes les gusta razonar, probar, experimentar y clasificar el conocimiento oculto. Es el sendero del erudito. Quienes siguen este camino sienten una fuerte atracción por la metafísica. Ejemplos de la idea de un "Gnani Yogui", aparentemente muy diversos, se pueden encontrar en los grandes filósofos de la antigüedad y de los tiempos modernos, y en el otro extremo, en aquellos que tienen una fuerte tendencia hacia las enseñanzas metafísicas. De hecho, casi todos los estudiantes de la Filosofía Yogui se sienten más o menos atraídos por el "Gnani Yoga", aunque afirmen seguir uno u otro de los tres senderos principales. Estas lecciones, por ejemplo, forman parte del trabajo del "Gnani Yoga", aunque estén combinadas con otras formas de yoga. Muchos yoguis combinan en sí mismos las características de los seguidores de varias formas de yoga, aunque sus tendencias naturales los hagan favorecer uno de los senderos más que los otros.

De las tres formas de yoga, la segunda —el Karma Yoga— es quizás la más fácil de seguir para el estudiante. Requiere menos estudio y menos práctica, en comparación con la investigación del "Gnani Yoga" y el entrenamiento del "Raja Yoga". El Karma yogui simplemente se esfuerza por llevar una vida recta, haciendo su trabajo lo mejor que puede sin dejarse llevar por la esperanza de recompensa. A medida que crece en comprensión de la verdad sobre su propia naturaleza, se contenta con desplegarse gradualmente, como una rosa, a lo largo de múltiples vidas, hasta alcanzar un alto grado de realización. No anhela poderes extraordinarios y, por lo tanto, no se esfuerza por desarrollarlos. No busca resolver los grandes problemas de la naturaleza y la vida, sino que se contenta con vivir cada día, sabiendo y confiando en que todo irá bien, y así será. Muchas personas del movimiento del "Nuevo Pensamiento" son realmente Karma Yoguis. Por otro lado, el Raja Yogui, siente un deseo de desarrollar sus poderes latentes y de investigar en su propia mente. Desea manifestar poderes y facultades ocultas, y siente un vivo anhelo de experimentar en estas líneas. Está profundamente interesado en la psicología y en los fenómenos psíquicos, así como en todos los fenómenos ocultos y enseñanzas similares. A través de un esfuerzo decidido es capaz de lograr mucho y a menudo manifiesta resultados sorprendentes mediante la concentración de su voluntad y mente.

El Gnani Yogui encuentra su principal deleite en el razonamiento metafísico o la investigación intelectual sutil. Es el filósofo, el erudito, el predicador, el maestro y el estudiante, y a menudo se enfoca en su línea de trabajo favorita, a veces descuidando otros aspectos del tema.

La persona mejor preparada para realizar un progreso general en las líneas ocultas es aquella que evita irse a los extremos en cualquiera de las ramas del tema. Mientras sigue sus propias inclinaciones hacia ciertas formas de yoga, mantiene un conocimiento general de las diversas fases de la gran filosofía. Al fin y al cabo, la persona debe desarrollarse en todas sus facetas, y ¿por qué no mantenerse en contacto con todas ellas durante el viaje? Siguiendo este camino evitamos la unilateralidad, la estrechez de mente, la miopía y el fanatismo.

Los estudiantes yoguis pueden dividirse en tres clases generales:

(1) Aquellos que han progresado considerablemente en las mismas líneas, en encarnaciones pasadas, y despiertan a la conciencia en la vida presente con tendencias más fuertes hacia el ocultismo y temas similares. Estas personas aprenden rápidamente y son conscientes de que están reviviendo lecciones aprendidas en el pasado. Intuitivamente, captan verdades ocultas y encuentran en tales estudios un alimento para el hambre del alma. Sin embargo, estas almas se encuentran en diferentes etapas de desarrollo. Algunas tienen solo un conocimiento elemental del tema, ya que su conocimiento en la encarnación pasada fue mínimo. Otras han progresado más y son capaces de avanzar mucho más en su trabajo

actual que aquellas menos desarrolladas. Y otras están muy avanzadas y se encuentran cerca de alcanzar la etapa "consciente" de la encarnación, es decir, el estado de poder despertar a un conocimiento consciente de vidas pasadas. Esta última subclase suele ser considerada "extraña" por sus compañeros, especialmente en los primeros años de vida, ya que parecen "mayores" y "diferentes". Sienten como si fueran extranjeros en una tierra extraña, pero tarde o temprano entrarán en contacto con otras personas o conocerán enseñanzas que les permitirán retomar sus estudios.

(2) Aquellos que despiertan a un conocimiento consciente, en mayor o menor medida, de sus vidas pasadas y de lo que han aprendido en ellas. Estas personas son relativamente escasas, aunque hay muchas más de las que generalmente se supone. Estos individuos no suelen confiar su conocimiento y memoria del pasado a personas desconocidas, ya que lo consideran sagrado. En su recorrido por el mundo, esparcen semillas aquí y allá, semillas que, al caer en terreno fértil, darán fruto en las futuras encarnaciones de aquellos que las reciben. Su misión es plantar la semilla del conocimiento y la comprensión para el beneficio de las generaciones venideras.

(3) Aquellos que han escuchado algunas verdades ocultas en encarnaciones pasadas, algunas palabras de sabiduría, conocimiento o consejo pronunciadas por aquellos que han avanzado más en el camino. Si su mente es receptiva y fértil, permiten que estas semillas de pensamientos se arraiguen profundamente en su ser, y en

la próxima vida estas semillas germinan y crecen. Estas personas experimentan un sentimiento de inquietud que las hace sentir insatisfechas con las explicaciones convencionales de la vida, lo que las lleva a buscar incansablemente la verdad que intuitivamente saben que está en algún lugar. A menudo son atraídas hacia falsos profetas y pueden pasar de un maestro a otro, obteniendo un poco de verdad aquí y corrigiendo errores allá. Sin embargo, tarde o temprano encuentran un anclaje y en su búsqueda acumulan conocimientos que, después de ser digeridos en el período de reposo del alma en el Mundo Astral, les serán de gran valor en su próxima encarnación.

Es importante reconocer que es prácticamente imposible brindar instrucciones detalladas que se adapten a las diversas necesidades de cada estudiante. Fuera de la instrucción personal de un maestro competente, solo podemos ofrecer consejos generales y palabras de aliento. Sin embargo, no te desalientes por esto. Recuerda que hay una gran verdad oculta: cuando el estudiante está preparado, el maestro aparece. El camino se irá abriendo paso a paso, y a medida que surjan nuevas necesidades espirituales, los medios para satisfacerlas también estarán en camino. Pueden llegar desde el exterior o desde tu interior, pero siempre llegarán. No permitas que el desaliento te invada aunque parezcas estar rodeado de circunstancias desfavorables y sin nadie cerca con quien puedas compartir estas grandes verdades que se están revelando en tu visión mental. Este aislamiento probablemente sea justo lo que necesitas para volverte autosuficiente y sanar el deseo de depender de otras almas. Tenemos que aprender estas lecciones, y muchas otras, y el camino que parece más difícil de transitar es precisamente aquel que se nos ha presentado para que aprendamos bien la lección necesaria y la recordemos "para siempre".

Por lo tanto, aquel que haya comprendido las ideas fundamentales de esta filosofía comenzará a liberarse del miedo. Cuando se da cuenta de su verdadera naturaleza, ¿cómo puede temer? Al no haber nada que realmente pueda dañarlo, ¿por qué debería tener miedo? Con la ausencia del miedo, muchas otras debilidades mentales menores también desaparecen. La envidia, los celos, el odio, la malicia, la falta de caridad y el juicio no pueden existir en la mente de aquel que "entiende".

La fe y la confianza en el Espíritu, y en aquello de lo cual proviene el Espíritu, deben manifestarse en el alma despierta. Tal persona reconoce naturalmente la guía del Espíritu y la sigue sin vacilar, sin temor, sin duda. Tal persona no puede evitar ser amable. Percibe al mundo exterior y a las personas como niños pequeños, muchos de ellos como bebés, y se relaciona con ellos con caridad, sin condenarlos en su corazón, porque los conoce tal como son. Lleva a cabo el trabajo que se le presenta, ya sea humilde o elevado, sabiendo que le ha llegado debido a sus propios actos, deseos o necesidades. Comprende que, de cualquier manera, está bien y es solo un escalón hacia cosas mayores. No teme a la vida ni a la muerte, ya que ambas parecen ser manifestaciones diferentes de lo mismo, y una es tan buena como la otra.

Para que el estudiante pueda progresar, es necesario que integre la filosofía en su vida cotidiana. Debe llevarla consigo siempre. Sin embargo, esto no implica imponer sus puntos de vista y opiniones a los demás, ya que esto va en contra de las enseñanzas ocultas y de la libertad del alma individual. En cambio, el estudiante debe ser capaz de mantener un sentido permanente de la realidad y la verdad de su filosofía en su propio ser. No debe tener miedo de llevar su filosofía consigo a todas partes, ya que se adapta a todas las facetas de la vida. Si no puede llevarla consigo al trabajo, algo está mal con la filosofía, el trabajo o el individuo. La filosofía nos ayuda a hacer nuestro trabajo de manera más sincera, ya que sabemos que el trabajo es necesario para nuestro propio desarrollo. No importa cuán desagradable sea la tarea, podemos enfrentarla con alegría cuando reconocemos nuestra verdadera naturaleza y las grandes cosas que nos esperan. El esclavo encadenado, si tiene paz en su alma y conocimiento en su mente, es mucho menos digno de lástima que el rey en su trono, que carece de estas cualidades. No debemos evadir nuestras responsabilidades, ni huir de nuestro destino, porque realmente no podemos deshacernos de ellos excepto cumpliéndolos. Incluso aquellas tareas desagradables pueden fortalecer nuestro carácter, si aprendemos la lección correctamente. Y debemos recordar siempre: "Aun estas cosas pasarán".

Uno de los mayores obstáculos para el progreso del estudiante en las etapas superiores del ocultismo, especialmente en las fases fenoménicas, es la falta de autocontrol. Cuando se busca obtener poderes que, si se utilizan descuidadamente o de manera incorrecta, pueden resultar perjudiciales para uno mismo o para los demás, es de vital importancia que la persona haya desarrollado el dominio sobre sí misma, es decir, el control del lado emocional de su naturaleza. Imagina a alguien con poderes ocultos elevados, perdiendo el control y dejándose llevar por la rabia, emitiendo vibraciones de odio y rabia intensificadas por la fuerza de sus poderes desarrollados. Tales exhibiciones serían extremadamente perjudiciales para esta persona, ya que podrían manifestarse en un plano donde dichas acciones tienen un efecto amplificado. Una persona cuyas investigaciones lo llevan al plano astral debe tener cuidado con la pérdida de autocontrol, ya que una falta de este tipo podría ser fatal para ella. Pero el mundo de las fuerzas superiores está tan delicadamente equilibrado que una persona de temperamento violento o que carece de autocontrol no puede progresar mucho en las prácticas ocultas, ya que esto es un freno necesario. Por lo tanto, una de las primeras cosas que el estudiante debe lograr para avanzar es el dominio de su naturaleza emocional y la adquisición de autocontrol.

Asimismo, se requiere un grado de valentía elevada, ya que se experimentan visiones y sucesos inusuales en el plano astral, y aquellos que deseen explorarlo deben haber aprendido a dominar el miedo. Además, se necesita calma y equilibrio. Es importante recordar que la preocupación y emociones similares generan vibraciones a nuestro alrededor, lo que dificulta la investigación psíquica. De hecho, no se pueden obtener los mejores resultados cuando tales estados mentales están presentes.

El ocultista que aspira a alcanzar grandes poderes primero debe liberarse del deseo egoísta de obtenerlos para satisfacer sus propios fines inferiores. Buscar poderes ocultos con este tipo de deseo solo conducirá al dolor y la decepción. Aquellos que intenten utilizar el poder psíquico para propósitos bajos y egoístas, inevitablemente traerán sobre sí un torbellino de resultados indeseables. Tales fuerzas, cuando se utilizan incorrectamente, reaccionan como un búmeran contra quien las envía. El verdadero ocultista está lleno de amor y sentimientos fraternales hacia sus semejantes y se esfuerza por ayudar a los demás, en lugar de derribarlos en su progreso.

De todos los numerosos libros escritos con el propósito de iluminar el camino del estudiante de ocultismo, no conocemos ninguno más adecuado para este fin que ese maravilloso librito titulado "Luz en el Sendero", escrito por Mabel Collins, bajo el impulso de algunas inteligencias muy por encima de lo común. Está velado en el estilo poético común en oriente y a primera vista puede parecer paradójico, pero contiene los fragmentos más selectos de sabiduría oculta, para aquellos que son capaces de leerlo. Debe leerse "entre líneas" y tiene una peculiaridad que se hará evidente para cualquiera que lo lea cuidadosamente. Es decir, te brindará tanta verdad como seas capaz de comprender hoy; y mañana, cuando lo retomes, te revelará más, con los mismos fines. Míralo dentro de un año y nuevas verdades estallarán ante ti, y así sucesivamente. Contiene afirmaciones de la verdad tan maravillosamente expresadas y, sin embargo, medio ocultas. A medida que avances en el discernimiento espiritual y estés preparado para una verdad mayor cada día, el libro desvelará velo tras velo hasta dejarte deslumbrado. Además, es notable como un libro para dar consuelo a quienes atraviesan problemas o aflicciones. Aunque las palabras pueden ser comprendidas solo parcialmente, resonarán en los oídos de los lectores como una hermosa melodía que tranquiliza, reconforta y alivia. Aconsejamos a todos nuestros estudiantes que lean este pequeño libro con frecuencia y atención. Descubrirán que describe diversas experiencias espirituales que atravesarán y los preparará para la siguiente etapa. Algunos estudiantes nos han pedido que escribamos un pequeño libro, como una explicación elemental de "Luz en el Sendero" —quizás el Espíritu nos guíe a hacerlo en algún momento en el futuro—, tal vez no.

No podemos evitar sentir cierta tristeza al escribir estas líneas finales. Cuando escribimos nuestra primera lección, pedimos a nuestros estudiantes que se sentaran para una serie de charlas, sencillas y simples, sobre un gran tema. Nuestro objetivo era presentar estas grandes verdades de manera clara, práctica y sencilla, para que muchos se interesaran en ellas y fueran guiados hacia presentaciones más elevadas de la verdad. Hemos sentido el amor y el estímulo de nuestros estudiantes, lo cual es tan valioso para un maestro. Sin embargo, al revisar nuestro trabajo, nos damos cuenta de que hemos dicho tan poco y dejado tanto sin decir. A pesar de ello, hemos hecho nuestro mejor esfuerzo considerando el espacio limitado y el vasto campo de conocimiento por cubrir. Sentimos que apenas hemos comenzado y, sin embargo, ha llegado el momento de decir "adiós". Tal vez hemos aclarado algunas dudas para aquellos que estaban confundidos, o quizás hemos abierto una puerta para aquellos que buscaban entrar al templo del conocimiento. Quién sabe realmente el impacto que hemos tenido. Si hemos logrado, aunque sea un pequeño avance en la comprensión de una sola persona, entonces consideramos que nuestro tiempo ha sido bien empleado.

Es posible que en el futuro sintamos el llamado de transmitir una presentación más elevada y avanzada de este gran tema. Eso depende en gran medida de sus propios deseos: si nos necesitan, nos encontrarán listos y dispuestos a unirnos en el estudio de las grandes verdades de la Filosofía Yogui. Pero, antes de dar el siguiente paso, asegúrate de comprender a fondo estas lecciones elementales. Repásalas una y otra vez, hasta que tu mente haya comprendido plenamente los principios. Encontrarás nuevas facetas que se presentarán con cada lectura. A medida que tu mente se desarrolle, descubrirás nuevas verdades, esperándote incluso en las mismas páginas que has leído y releído varias veces. Esto no se debe a ningún mérito especial de nuestro trabajo, ya que consideramos que estas lecciones son bastante rudimentarias, más bien, se debe a la verdad inherente de la filosofía misma, que hace que cualquier cosa escrita sobre ella esté llena de temas para la reflexión y el pensamiento profundo.

Adiós, queridos estudiantes. Agradecemos sinceramente la amabilidad con la que nos han escuchado a lo largo de esta clase. Hemos sentido su afecto y cariño, al igual que muchos de ustedes, sin duda, han sentido el nuestro. Estamos seguros de que al leer estas líneas, llenas de nuestros sinceros pensamientos de fraternidad hacia ustedes, sentirán nuestra cercanía en el Espíritu y percibirán ese cálido apretón de manos que extendemos a través de la distancia física que nos separa.

Recuerden estas palabras de "Luz en el Sendero": "Cuando el discípulo está listo para aprender, entonces es aceptado, apreciado, reconocido. Debe ser así, porque ha encendido su lámpara y no puede ocultarse".

"Que la Paz esté con ustedes".

Sabiduría de Ayer, para los Tiempos de Hoy

www.wisdomcollection.com